北京文化探微

探寻北京文化 Explore Beijing culture
展现北京魅力 Embody the charm of Beijing

张维佳 郗志群 贺宏志 主编
陈晴 著

The Legend of Witness

继往开来

Chang'an Avenue

北京长安街

北京出版集团
北京教育出版社

图书在版编目（CIP）数据

继往开来：北京长安街 / 陈晴著. — 北京 ：北京
教育出版社，2018.12（2020年11月重印）
（北京文化探微 / 张维佳，郗志群，贺宏志主编）
ISBN 978-7-5704-0897-9

Ⅰ. ①继… Ⅱ. ①陈… Ⅲ. ①城市道路—北京—通俗
读物 Ⅳ. ①K921-49

中国版本图书馆CIP数据核字（2018）第281298号

北京文化探微

继往开来
北京长安街
JIWANG KAILAI

张维佳　郗志群　贺宏志　主编
陈　晴　著

出　版　北京出版集团
　　　　　北京教育出版社
地　址　北京北三环中路6号
邮　编　100120
网　址　www.bph.com.cn
总发行　北京出版集团
经　销　全国各地书店
印　刷　三河市同力彩印有限公司
版印次　2018年12月第1版2020年11月第2次印刷
开　本　710毫米×1020毫米　1/16
印　张　10
字　数　136千字
书　号　ISBN 978-7-5704-0897-9
定　价　50.00元

如有印装质量问题，由本社负责调换
质量监督电话　010-58572393

编委会

总　序

在任何一个国家，其首都文化都是立足于首都定位，根植于首都特色文化资源，在国家文化建设中起着示范性和引领性的作用。美国城市文化学者刘易斯·芒福德（Lewis Mumford）关于城市文化有一段著名论述："世界名都大邑之所以成功地支配了各国的历史，是因为这些城市始终能够代表他们的民族和文化，并把绝大部分流传后代。"

进入21世纪，中国迎来了新的历史时代。十九大报告明确指出"文化自信是一个国家、一个民族发展中更基本、更深沉、更持久的力量"，"深入挖掘中华优秀传统文化蕴含的思想观念、人文精神、道德规范，结合时代要求继承创新，让中华文化展现出永久魅力和时代风采"。"大力推进全国文化中心建设，提升文化软实力和国际影响力"是北京当前和今后一段时期的重要战略任务。如何弘扬和发展首都文化是北京建设全国文化中心的重要课题，对北京发展具有全局性的战略意义。

在这一新的时代背景下，我们十分需要对北京文化进行重新认识与解析，这是北京文化探微丛书出版的使命。

北京有着三千年的历史，是世界著名的古都和现代国际城市，孕育了底蕴深厚、丰富多彩、独特多元的北京文化。北京文化按照时间划分，可分为古代、近代、现代、当代四大类。按照内容性质，可细分为古城、皇家、民俗、革命、工业遗产、现代特色、大众休闲、文化艺术、奥运和文化教育等小类，并各自有着不同的空间载体。不同时期和类型的文化资源反映出北京城市文化精神内涵的不同方面。

北京文化探微丛书中一部分对北京城市文化空间现状进行简要解析，以期探索北京未来的文化发展空间与模式。比如长城、西山、长安街、中轴线、798艺术区等；丛书同时解析了数百年来人们在社会生活中形成并传承下来的各种文化形式，比如京剧、曲艺、老字号、俗语民谣等，意在普及推广优秀的传统文化，促进其在新时代的传播与发展。丛书循着"浅入浅出"的原则，结构上以散点的形式对北京文化的核心价值进行提炼，内容上关照承继，注重当下，面向未来，用通俗易懂的语言和具有代表性的图片，梳理北京文化的诸多方面。丛书力戒专业知识的堆砌，侧重义理的阐发，阐明北京文化中体现人类普遍价值和现代意蕴的内容，传承历史，裨益当代。

丛书在论述北京文化的过程中，始终把中华文化作为参照。中华五千年文化源远流长、博大精深，它是中华民族几千年文明的结晶，是由中华民族创造，为中华民族世世代代所继承发展，具有鲜明民族特色和深刻内涵的文化。从古至今，中华文化都对世界文明的发展贡献巨大，影响深远。北京文化是中华五千年文化的一部分，是中华文化在北京这一特定区域的特色化发展，北京文化无不具体体现着中华文化的印迹。

北京文化探微丛书以文化自信为依归，在新时代背景下和国际化的视野中重新审视北京文化，向大众展示北京的首都风范、古都风韵、时代风貌，擦亮首都文化的"金名片"，是一套"立足本国又面向世界"的普及类图书，可以很好地助力北京在全国文化建设中发挥示范带动作用，助力北京文化走出去，助力北京在国际上形成更大的影响力。

张维佳

序

一条长街，一座都城，一个国家

一座城市的形成，街道必不可少，我们无法想象一座没有街道的城市的存在。街道往往代表着一座城市的兴盛与繁华，时时刻刻体现着一座城市的发展状况。我们可以这样说：没有街道，就没有城市。

街道几乎承载了城市的所有文化形态，无论是它的历史风云变幻，还是它的时代气质与生活面貌，或是街道中各式各样的怀揣不同理想与追求的人们，都能够在街道这个大舞台上一一得以表现。

北京的长安街就是这样一条街，它代表着一座都城、一个国家！

长安街，以长安为名，寓意长治久安，这个名字有千金之重！只有长安街才能得到国家级的发展规划，只有长安街才有资格举行阅兵仪式，因为只有长安街才是人们心中盛世的化身。斗转星移，世事变迁，今天，全世界的目光聚焦在这条穿越700余年的长街，因为这里跳动着中国崛起的大动脉，这里奔腾汹涌着华夏儿女的民族血液，这里向全世界展现着新时代中国的气度与风采。

这里是北京乃至中国的象征，它是展示中国形象和中华文明的重要窗口。从深幽的故宫到新颖的国家大剧院，历史赋予了长安街厚重与深邃；各时代风格建筑的汇集展现了长安街的胸怀与包容。长安街的气质恰好也是现代中国以及中华民族的精神面貌——传统与现代的融合。

中国近现代历史上常有长安街的身影，未来中国发展长安街依然会扮演重要的角色，它的每一寸街面都层层叠加了中国历史、政治、经济、改革、日常生活等各种元素。长安街东部的CBD，一幢幢摩天大楼高耸入云，体现着伟大的中华民族砥砺奋进、不断前行的精神气质；长安街中部天安门前，东西轴线与南北轴线交汇于此，传统与现代和谐统一，展现着中华民族海纳百川的博大胸怀；长安街西部永定河上，一座大桥飞架东西，古老的长安街从这里向西山延伸，似乎在讲述中国人崇尚自然、寄情山水的情怀。

如果说北京的中轴线代表着北京这座城市对历史的传承，充满着古典主义的审美情趣，那么长安街则代表着北京这座城市对未来的憧憬，展现着现代主义的张力与激情。

北京文化是古典与现代的交融，是中华五千年文明的重要组成部分，是中华文明在北京这一特定区域的特色化发展。美国城市文化学者刘易斯·芒福德（Lewis Mumford）在其《城市文化》一书中说："世界名都大邑之所以成功地支配了各国的历史，是因为这些城市始终能够代表他们的民族和文化，并把绝大部分流传后代。" 他强调，城市史就是文明史，城市凝聚了文明的力量与文化，保存了社会遗产。在北京，古代和近代的历史文化资源是最具代表性和典型性的城市文化空间，也是北京作为世界著名古都的特色所在。这些城市文化空间集中分布在中轴线和长安街及其附属区域，这一类文化资源在存于书本流传后世的同时，更要融入当前的城市生活中，让生活在这座城市中的人也成为城市文化的载体和传承者，并随着城市的发展而不断创新。

陈　晴

目　录

1　时易世变—— 长安街的历史进程

威威皇权宫前御街…1

翻天覆地东西通道…10

阅兵大道重新出发…16

波澜壮阔百里长街…22

2　风雷激荡—— 长安街的政治风云

封建王朝夕阳残照…27

革命浪潮前赴后继…30

同仇敌忾保家卫国…35

巍巍中华砥砺前行…41

3 寻幽探胜—— 长安街的名胜古迹

巍峨瑰丽的宫殿御园…55

肃穆凝重的祭坛寺庙…65

精美完好的古观象台…83

那些已经消失的建筑…86

4 承上启下—— 长安街上的建筑风采

一座饭店走过百年…97

十大建筑各具风采…103

面向世界新意无穷…113

5 继往开来—— 长安街功能规划的变迁

国家心脏，康庄大道…127

北京大院，独树一帜…132

日新月异，集众所长…135

改革开放，人民之路…143

继往开来

北京长安街

1

时易世变

—— 长安街的历史进程

威威皇权宫前御街

1264年，雄心勃勃的忽必烈在政治斗争中击败了阿里不哥，巩固了自己大汗的地位。他的目光开始转向遥远的南方，那片花团锦簇的土地，他觉得当时的上都位置太过偏远，不利于南方的统一事业，于是他决定迁都到早已灭亡三十年的金国的中都——燕京。

1266年，忽必烈授命汉人名臣刘秉忠在燕京的东北设计建造一座新的都城。刘秉忠虽为汉人，但世代居住在北方，在辽、金等朝为官，他无书不读，精通易礼。元世祖即位，采纳他的建议制定了朝仪和官制，连元朝的国号都采纳自他建议的"大哉乾元"（《易·乾》："大哉乾元，万物资始，乃统天。"）之意。

刘秉忠依照《周礼·考工记》所述的"匠人营国，方九里，旁三门，国中九经九纬，经涂九轨。左祖右社，面朝后市"的原则设计都城，因此元大都的街道，规划整齐，经纬分明，相对的城门之间一般都有大道相通。

《马可·波罗游记》述云："全城的设计都用直线规划。大体上，所有街道全是笔直走向，直达城根。一个人若登城站在城门上，朝正前方远望，便可看见对面城墙的城门。城内公共街道两侧，有各种各样的商店和货摊……整个城市按四方形布置，如同一块棋盘。"如此完整方正的格局也成为日后北京的基本格局。

　　大都新城的南城墙就在今天长安街稍南，建有丽正门、文明门和顺承门三座城门。城墙内侧有一条不宽的街道顺城街，它的位置恰在今天的长安街上，因而可以说这条元大都南顺城街就是长安街的雏形。在顺承门内，有一处市场名羊角市，集中展现着元大都城内的繁华景象。这里有羊市、马市、牛市、骆驼市、驴骡市、穷汉市，买卖奴隶的人市也在此处。在顺承门外有果市；在丽正门外、文明门丁字街各有菜市。除一些日常生活用品外，市场上出售的商品多来自全国各地。达官显贵享用的珍贵皮毛、奇珍异宝、高档纺织品等应有尽有。当时，海运大开，河运通畅，"川陕豪商，吴楚大贾，飞帆一苇，径抵辇下"，为元大都提供了丰富的商品。据《马可·波罗游记》记述，在大都市场上做生意的不但有中国境内南北的豪商巨贾，而且还有远自中亚、南亚的商人，凡世界上最为稀奇珍贵的东西，都能在这座城市找到，特别是印度的商品，如宝石、珍珠、药材和香料。据元代相关史料记载，用马车和驮马载运生丝到京城的，每日不下一千辆次。可以想象当时顺城街熙熙攘攘的人流和繁华景象，雏形中的长安街已经肩负起都市经济发展的重任。（图1-1）

　　繁华景象不过数十年，战争再一次席卷了北方，这座新城也迎来新的主人。1368年朱元璋的部将徐达、常遇春攻陷元大都，

　　图1-1　元大都平面图（灵极限提供）

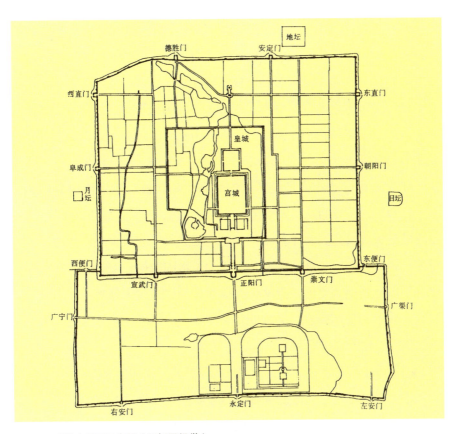

图1-2 明北京平面示意图（灵极限提供）

改名北平。当时元顺帝毫不抵抗，出逃上都，而城里北部原来驻扎贵族蒙古包的地方一下子变得空旷起来。为了预防元军反扑，也方便军队驻防，当然更是为了使北平小于应天府（今南京）， 明军将北平北城墙南移2.8千米，另筑城墙，仍设安定门和德胜门两座城门。又因为原来元宫城南部离南城墙距离过短，又将南城墙向南移1千米，设置了宣武门、正阳门和崇文门三座城门，形成了如今北京内城的轮廓。（图1-2）

1366年，朱元璋开始在应天府建造皇城，正南设立午门，后改为奉天门。1368年朱元璋称帝，进一步修建应天府，增设午门左右两座门阙，分别叫长安左门和长安右门，长安右门外有一条长长的街道名曰长安街。为守卫京师，同时彰显皇权的赫赫威严，这条长安街边驻扎着锦衣卫、应天府府军前卫等机构。此时北平的顺城街不过是一条普通的东西街道，皇朝更替似乎在商贩的叫卖声中已渐渐远去，人们依旧在新旧城郭中忙碌。

然而刚获得休养生息没多久的北京再一次被推到了历史舞台的前沿，1399年朱元璋的儿子朱棣起兵挑战建文帝，史称"靖难之役"，4年后攻破应天府，建文帝下落不明。"靖难之役"的战火不仅烧毁了奉天殿等宫殿，还烧毁了南方民心。朱棣为了巩固政权在应天府大开杀戒，屠杀了以方孝孺为首的大批文人并株连其亲族，对朱棣来说，南京的宫殿既有战争的创伤痕迹，又处处充满敌意，加之华北防务空虚，考虑各种因素后，他改北平府为北京，决定迁都。

明永乐十八年（1420年），北京的紫禁城及皇城建成。

整个皇城是南京皇城的翻版，但在规模上与许多细节中都要超越南京原版。明代的顶级工匠建筑师们建造了一个近乎神迹的皇城。整个北京城就是中国古代传统文化的一大载体，它集中体现了中国古代千百年来经过长期积累形成的知识、信仰、道德、习俗、法律、观念等。按照风水命理组合而成的九宫矩阵，上南为乾，为天，为阳；下北为坤，为地，为阴，乾天包坤地，这正是天圆地方、乾坤照应、阴阳合德的象征。自永定门经正阳门、紫禁城直达鼓钟二楼的是一条笔直的7.8千米的中轴线——中国古代大建筑群平面中统率全局的轴线称为"中轴线"，整个风水格局都严格遵循对称规则，"前朝、后市、左祖、右社"。帝王之宫禁处于南北与东西两条轴线的中央，坐北朝南，象征着统驭四面八方之无上权威。（图1-3）

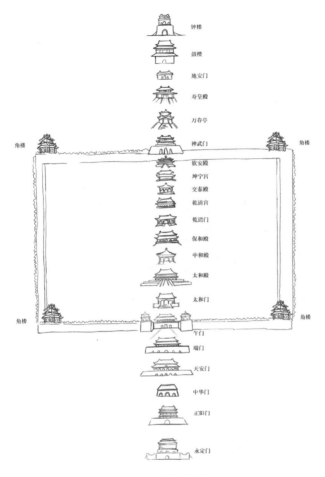

钟楼

鼓楼

地安门

寿皇殿

万春亭

角楼　　神武门　　角楼

钦安殿

坤宁宫

交泰殿

乾清宫

乾清门

保和殿

中和殿

太和殿

太和门

角楼　　　　　角楼

午门

端门

天安门

中华门

正阳门

永定门

图1-3　北京城中轴线示意图（刘译仁绘）

　　皇城的正门最初名承天门，寓"承天启运，受命于天"之意。因建造时完全模仿南京的承天门，故名。承天门始建于1417年，其时，全国各地能工巧匠汇聚于此，苏州府吴县香山人蒯祥便奉命设计建造承天门。

　　承天门左右各有一座门阙，左称长安左门，右称长安右门。长安左

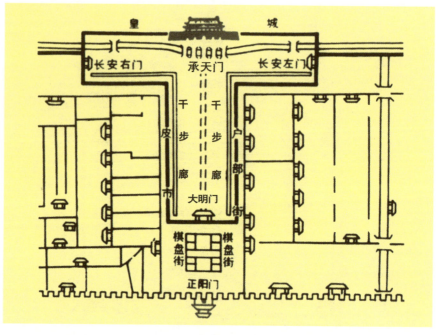

图1-4　明朝时期天安门前封闭的T字型广场示意图（灵极限提供）

门与长安右门间为一条横街，即长安街的原型。承天门外还有一道门，叫大明门。承天门与大明门之间为一条竖街。一横一竖两条街共同在皇城前构筑起一座封闭的T字型宫廷广场。（图1-4）

承天门和大明门之间，左右长廊庑殿，称千步廊，正中央有石板路，称为御道。普通人无法靠近御道，只有皇家的龙车凤辇才允许通行。通常大臣们受皇帝之召入宫，只能绕道先进长安左门或长安右门，经长安街，上金水桥，入承天门，继而进午门，才是皇宫。

宫廷广场两侧分布着最重要的政府机构或王公贵族府邸。千步廊外东、西两边为朝廷衙署，按照文东武西的原则，东边是文职机关，如吏部、礼部、兵部、工部等。西侧是武职和司法机关，明代设有五

图1-5　1900年天安门前千步廊（作者提供）

军都督府、锦衣卫等，清代改设銮仪卫、都察院、大理寺等。宫墙高筑，警卫森严，除了贵族出行时、节日宫里庆典外，其实冷清至极。彼时，北京的这条长安街是帝王权力的象征，而同时也承载着帝王对国家长治久安的衷心祈愿。（图1-5）

　　长安左门位于承天门的左侧，俗称龙门。每次春试后，将写有中进士者姓名的黄榜，接出午门，在鼓乐御杖引导下，经承天门，东转出长安左门，张挂在临时搭建的龙篷内。举子们一旦金榜题名，如鱼跃龙门，因此俗称此门为龙门。长安右门俗称虎门。每年8月，皇帝诏令三法司（刑部、大理寺、都察院）在长安右门内千步廊拐角处，集中会审未决死囚案件，霜降后，死囚犯在长安右门外下囚车，听候最终裁决，五行方位中，西方属金，主杀，西方为白虎，故称虎门。左青龙右白虎，共同守卫着紫禁城里那座代表至高权力的王座。（图1-6）

　　大明门位于正阳门内北京城中轴线上。此门通常不开，惟遇国家大典才能启门出入。这是一个砖石结构建筑，堪称当时的国门。这座国门

图1-6　1900年天安门前的洋兵，远处是长安右门（灵极限提供）

历经几百年，明代时称大明门，清朝时自然改称大清门，1912年中华民国成立，又改为中华门。民国时改名需要换匾，而发现这块石匾正面刻着"大清门"，背面刻着"大明门"，原来清朝初年换匾，不过是翻了个面。（图1-7）

明清时期，这座宫门外便是闹市街区，俗称棋盘街。

从历史照片里看大明门，风格庄严厚重。它是一座单檐歇山顶的砖石结构建筑，面阔40米，高21米，正中开三券门。门前左右各有一尊石

图1-7　1912年的中华门（灵极限提供）

狮和一块下马石碑，这就是所谓"文官下轿、武官下马"之处。明永乐年间该门建成时，永乐帝命大学士解缙题写门联，缙书"日月光天德，山河壮帝居"。

大明门是皇帝、宗室参加重要庆典出入之门，明清时期每年冬至祭天，夏至祭地，孟春祈谷时，午门、端门、天安门、大明门同时打开，前后长达几里的皇家仪仗队，浩浩荡荡、威风凛凛由此门行出。直至1912年，封闭了几百年的大门才对民众开放，任民众自由通行。但只许行人步行，不准车辆通过。在门前的通告牌上写着"由此往北只许行人往来"，这可以说是北京的第一条步行街了。从1912年起，大多数的游行也由天安门出发经过大明门。

1958年8月，为准备次年国庆十周年庆典，天安门广场开始有史以来的最大一次扩建，这座国门拆除；1976年，在其位置上修建了毛主席纪念堂。

清朝时期，天安门依旧是皇城正门，在长安左门和长安右门外加建了两座宫门称东三座门和西三座门。这两个名字让很多人误解东西两边总共有八道宫门，其实一共只有四道宫门。而东西两边还各建有两座牌楼，东单路口的牌楼叫东单牌楼，王府井大街南口稍西的叫东长安牌楼。西单路口的叫西单牌楼，府右街南口稍西的叫西长安牌楼。当时从长安左门到东单、长安右门到西单各有一条路。因在长安左门以东和长安右门以西，称东长安街与西长安街。这可以说是东西长安街的前身，但整条街并不贯通。威威皇权下的长安街宫墙高筑，禁卫森严，是封建统治的核心区域。

翻天覆地东西通道

　　清朝末年，内忧外患不断，古老的中国被屈辱以及压迫所笼罩，八国联军侵华后，整个皇室已经飘摇欲坠。在那些战乱不断、丧权辱国的日子里，长安街的名字也成为一种莫大的讽刺。

　　进入二十世纪，长安街正式从皇权神坛上走下，历经几次改造，并随着跌宕起伏的政权变化历经几次改名，并最终在新中国成立后踏上了现代化的改造之路。

　　民国初年，为纪念辛亥革命的领导者孙中山，东西长安街中间一段的天街被称为中山路，这也是中国很多城市中心都有一条中山路的发端。袁世凯取代孙中山成为大总统后，以中南海为总统府，把中南海南面乾隆为香妃修建的宝月楼改建成新华门，意喻"新的开始"。又把新华门前从石碑胡同北口至府右街南口的一段原西长安街改为府前街。

　　当时北京"皇城宅中，宫墙障塞"，中华民国结束了帝制，因此天安门附近并不像过去那样守卫森严，反而因为外国使馆区就在东长安街附近，因此人行往来密集，熙熙攘攘，民国初年的中国首都中心便呈现一片欣欣向荣的气息。当时商业中心在正阳门外，商铺林立，热闹非凡。（图1-8）正阳门是连接内城、外城的主要通道，加上城门外兴建了火车站，因此正阳门成为当时北京交通最堵塞的地方，时常堵到深夜。改造正阳门已经成为北洋政府迫切需要解决的问题。中国人信奉风水，北京皇城的设计是几百年中国风水学智慧的结晶，要"拆祖宗基业"或"损害龙脉"可不是一件小事。

不过，历史依然为我们挑选了一位最合适的设计师。1914年，担任内务总长兼北京市政督办的朱启钤向袁世凯提出《修改京师前三门城垣工程呈》，对正阳门的改造一共提出了六点意见，包括拆除瓮城、修饰箭楼、解决雨季积水问题、拆迁房屋、征收土地以及疏浚河道等。朱启钤被后世称为"中国古建筑研究工作的开拓者与奠基人"，他顶着种种诽谤和重重阻力，终于在1915年6月16日清晨的蒙蒙细雨中，手持袁世凯亲赐的银镐刨下了第一块砖，改造工程拉开序幕。

几个月后，朱启钤打通了北京南北的交通，拆掉了原本围裹在城楼

图1-8　1910年，正阳门瓮城和箭楼（灵极限提供）

與箭楼之间的城墙，改建了南北长街、南北池子，并在新华门西边修建了府右街，大大便利了京城南北的往来。（图1-9）（图1-10）（图1-11）

图1-9　1916年，正阳门改造竣工后，朱启钤率内务部官员视察改造工程，背景是正阳门城楼（灵极限提供）

图1-10　1917年，改造后的正阳门城楼东南面（灵极限提供）

图1-11　1917—1919年，长安左门东面（灵极限提供）

南北贯通后，朱启钤又拆除了长安左门、长安右门两侧的皇城墙，这就打通了天安门前左右东西向的两条长街，使之贯通一气。（图1-12）

当时北京开通的五条有轨电车中有四条经过长安街。深色铁皮围成一个车厢，缓慢有序地来来往往，这些北京老百姓俗称的"铛铛车"成为一个繁华时代的记忆。

此时的长安街长

图1-12　1915年，西长安街新券洞三座门——西长安门（灵极限提供）

13

约3.8千米，宽不过20米，俨然是中国最繁忙的大街，古老的皇城用一个革旧鼎新、开放接纳的姿态，积极迎接时代巨变。

1928年北伐战争后南京成为首都，北京改名北平，这期间北京在军阀混战中几度易手，1937年卢沟桥事变后，北京沦陷在日本的铁蹄下，庄严的紫禁城也成为日本练兵场，山河破碎，国宝蒙羞。日伪统治北平以后，将其当作改造中国的首要据点，开始对北京城进行规划。日本号称要在北京东部建立工业区，在北京西部建设新的行政区。为了方便从原市区到新区的交通，1939年在长安街东延长线的东城墙上强行扒开一个豁口，取名启明门，即后来的建国门。又在长安街西延长线的西城墙上扒开了一个豁口，取名长安门，即现在的复兴门。这两处只是两个城墙豁口，安装了铁栅栏，没有建城门与传统的城门楼。所谓东亚共荣，却对中华传统文化毫无尊重之意，这两个豁口尽显日本侵略者的虚伪嘴脸。历经几百年风雨的长安街忍辱负重地承受着日本人在天安门前各种耀武扬威与各种军事火炮的凌辱。这两处豁口建成后，仿佛天安门前的这条长街可以直通东西城墙。实际上，从东单到启明门之间道路并未开通，仍然是多条小胡同纵横其间，有东观音寺胡同、西观音寺胡同、笔管胡同、鲤鱼胡同等。西单到长安门之间道路有旧刑部街、卧佛寺街、报子街、邱祖胡同等。要从东单或西单出城，必须从这些小胡同中穿行而过。烽火硝烟中人人自危，长安街默默地等待着正义战胜邪恶的那一天。

1945年10月10日，在故宫太和殿上举行日本华北军投降典礼，十万欣喜若狂的北京市民涌上长安街见证这个伟大的历史时刻。（图1-13）而那两个被日本人扒开的豁口，随后分别改称建国门与复兴门。两门名称来源于当时流行的一首歌曲："建国一定成功，民族必定复兴，中华康乐无穷。"这两个名字一雪前耻，寄托着中华民族复兴的厚望。由于战后物资紧缺，加上国民政府混乱不堪，因此建国门与复兴门仍未建城门，胡同也未拆除，交通状况没有改变。

图1-13　抗战胜利后在太和殿举行日军投降典礼（作者提供）

阅兵大道重新出发

1949年1月，北平和平解放，7月，中共中央成立了以周恩来为主任的开国大典筹备委员会，确定开国大典在天安门广场举行，天安门城楼为庆典主席台和检阅台。

那时的天安门广场垃圾成山，杂草丛生，满目疮痍。但下达了整修任务后，怀着翻身解放、当家做主喜悦心情的北平劳动大众满腔热情地投入长安街、天安门广场的整修中，成千上万的人自发参加义务劳动。20多万吨的垃圾、杂草很快被清理得干干净净。

1949年10月1日，古老的天安门城楼焕然一新，八只大红灯笼悬挂在圆柱之间。到处是红旗、彩绸、鲜花，欢乐的人群汇集在广场上，等待中国历史上最伟大的时刻到来。

下午3时，开国大典开始。毛泽东主席在天安门城楼上庄严宣布："中华人民共和国中央人民政府今天成立了。"广场上顿时欢声雷动。随后毛主席亲手按动电钮，五星红旗在广场上冉冉升起，宣告古老的中华民族重新屹立在世界的东方。天安门前人潮涌动，曾经饱受列强铁蹄侵扰的长安街锣鼓喧天，彩旗招展，人人脸上带着发自内心的喜悦笑

图1-14　1949年10月1日，北京30万军民在天安门广场参加开国大典。（俄国庆/FOTOE提供）

容。（图1-14）

　　随即，毛主席向全世界宣读中央人民政府第一号公告。接着举行盛大阅兵式。朱德总司令在阅兵总指挥聂荣臻陪同下，乘敞篷汽车检阅受阅部队。检阅毕，朱德总司令回到主席台上宣读《中国人民解放军总部命令》。随后，在全场经久不息的掌声和欢呼声中，中国人民解放军三军受阅部队以连为单位，列成方阵，迈着威武雄壮的步伐，由东向西分列式通过天安门广场。与此同时，十七架战斗机、轰炸机等，凌空掠过天安门广场，接受检阅。（图1-15）（图1-16）阅兵式持续近三小时，此时天色已晚，长安街华灯齐放，群众游行开始了。一队队游行群众高举红旗和红灯，纵情欢呼。

　　从此长安街成为极具政治意义的阅兵与游行大道，在每一个中国人的心中，长安街不再仅仅是一条宽广的大街，因为它身上承载了太多的

17

图1-15 开国大典阅兵式上的步兵方队（作者提供）

图1-16 开国大典阅兵式上接受检阅的中国人民解放军海军方队（文化传播/FOTOE提供）

历史记忆，更凝聚了中华儿女自强不息的民族魂！

　　新中国成立后，北京市政府对长安街进行了一系列改造。为了满足在天安门广场举行几十万甚至上百万人的集会、游行活动的需要，提出长安街的路宽至少得100米。当时北京市市长彭真曾说过"不要害怕，我们要看（规划）是否符合发展的需要……将来的问题是马路太窄，而不会是太宽……要设想将来有了几十万辆、上百万辆汽车时是什么样子。"如今北京的机动车数量已经超过五百万，我们重读前辈的设想，敬佩之情油然而生。正是这样的魄力与远见，才造就了今天横贯东西的通衢大道。

1950年和1952年先后拆除了东、西三座门和长安左、右门，1954年拆除了东西长安街上的四座牌楼。1954年在西长安街的扩建中还拆除了金代初年建立、元代重建的双塔庆寿寺。为了真正打通从建国门至复兴门的道路，1956年至1957年，拆除了西单至复兴门中间的多条街道胡同。当时西单是一个丁字路口，西长安街到西单就中断了。再往西要通向复兴门，只有两条路。北边是旧刑部街与卧佛寺街，南边是报子街与邱祖胡同，宽度都只有5米多。（图1-17）

旧刑部街在北面，从西单路口到北闹市口。明正统七年（1442年）在这条路北设刑部、都察院、大理寺，位置大约在现在民族宫、民族饭店一带。因刑部设此，门前的这条街就叫刑部街。清朝定都北京后，刑部搬到了天安门广场西南千步廊以外，因而这里改称旧刑部街。清代这里有许多大宅门，左宗棠、曾国藩等都在这条街居住过。1956年路南的房子全部拆除，街北就是现复兴门内大街东段路北。过了北闹

图1-17　1953年，西单路口西侧，旧刑部街、报子街东口（灵极限提供）

市口，是卧佛寺街。这条街街北有座极为古老的寺院，初建于唐代贞观二十二年（648年），初名淤泥寺，后多次更名。明代时名鹫峰寺，寺前的街称鹫峰寺街。到清代寺名没有变，街名却改为卧佛寺街了。原因是在寺的后殿里供奉着一尊很大、很精美的卧佛，很出名，于是人们就把寺前的街道改称卧佛寺街，鹫峰寺每到冬季都舍粥救济贫民，因而在百姓中很有名气。扩建长安街时，部分庙宇被拆除。

南边与旧刑部街平行的一条街是报子街。报子街因离西单很近，商业气息较浓，是一条小商业街。街上有许多店铺和饭馆，街内的同和堂、聚贤堂都是当时北京有名的大饭庄。

报子街以西是邱祖胡同，是条很普通的小胡同，但历史很悠久，而且多次改名。明代叫曲子胡同，清代乾隆后改为秋子胡同，民国时称邱祖胡同。李大钊及家人曾在此胡同中短暂居住过。

随着北京建设的发展与人口、车辆增多，西郊与城区之间的交通量日益增大，这一段成为交通的瓶颈急待解决。1956年打通西单至复兴门路段工程启动，1957年竣工。拆除了以上4条小街与胡同，路面拓宽到35米，称复兴门内大街，使西长安街与复兴门外大街贯通。

出于同样的理由和考虑，1958年拆除了东单至建国门之间的多条胡同。其中一条叫观音寺胡同，因胡同里有观音寺而得名。寺建于明代初年，又称灵藏寺，后多次重修。清宣统年间以闹市口为界，分称东观音寺、西观音寺胡同。1958年拆除了东、西观音寺胡同及以南几条更小的胡同如官帽胡同、笔管胡同、鲤鱼胡同、牛角湾、水磨胡同等建成建国门内大街。路面宽35米，使东长安街与建国门外大街贯通。

到1959年10月，从南池子至南长街路面拓宽达80米，其余路面也宽达35米左右。长安街从西单至东单长3.8千米，从复兴门至建国门全线贯通，长达6.7千米。这就是人们常说的十里长街，实际长达13.4里。但在

图1-18　1959年3月，东长安街在进行改造（灵极限提供）

名称上分四段：复兴门内大街、西长安街、东长安街、建国门内大街。

（图1-18）

波澜壮阔百里长街

1939年日伪时期在建国门、复兴门开豁口时，同时修筑了建国门至大望路、复兴门至玉泉路之间的道路。新中国成立后这两条道路于1955年、1965年两次改、扩建，并不断向东、西延伸。

改革开放以来，长安街的大修有四次，分别是1987年为迎接亚运会、1997年为迎接香港回归、1999年国庆50周年和2009年国庆60周年。1999年国庆50周年前夕，长安街向西延伸到首钢东门，向东延伸至通州运河广场。此时东西长安街道路全线贯通，全长46千米，92华里，被称为百里长街。

2009年之前，在宽达80米以上的长安街上只有一段还比较窄，即新华门前的一段，东起石碑胡同，西至原中组部大楼。这段路的路北是中南海的南墙，路南是一段西洋风格的花墙。（图1-19）这是在朱启钤改造新华门时建起来的，这段长安街是民国初年长安街的原貌。新中国成立后，历次拓宽长安街，这段都没动。用文物专家、中国文物学会名誉会长谢辰生的话说："这是唯一一段现存的老北京的长安街。"

但是，在其他路段都拓宽后，这段路就变成了交通瓶颈，经常出现

图1-19　新华门南花墙（作者提供）

拥堵。国庆60周年前夕为提高交通承载能力，于2009年4月开始拓宽这条路。向北不能动只能向南拓展，拆除了沿街的老字号六福聚餐厅、老百姓大药房、摄贸金广角摄影器材店，特别是具有102年历史的西长安街邮局等。

向南还拆除了部分东、西安福胡同。安福胡同在民国时期曾颇有名气。因盛极一时的皖系军阀段祺瑞曾在安福胡同内建有一个大的俱乐部作为皖系军阀政客的聚会之所，起名安福俱乐部。这些政客被称为"安福系"，由这个派系操纵的议会叫"安福议会"，曾一度控制北

23

洋政府。

　　同时还拆除了安福胡同附近多条名字带"拴"字的胡同，如北小拴、南小拴、东小拴等。这些胡同中原来都有许多拴马桩，因为这里已临近长安右门，官员们无论上朝或到宫中办事许多是骑马，但到了长安右门外必须下马，马要拴在附近，这一段就出现了多条带"拴"字的胡同。

　　最难处理的是南边的一段花墙。这段花墙是为了改善总统府前的观瞻，遮挡新华门对面一片破旧的老房子而砌的。这段墙设计得很别致，墙与新华门之间的比例非常协调，突出了新华门，如果没有这道墙，新华门看上去会显小。拓宽规划时有两种方案，一种是原地保留；另一种是整体往南移。最后整体南移，并加长了这段墙。

　　2009年9月拓宽工程完工，这段路从双向八车道拓宽为双向10车道。至此，长安街的整体拓宽工程全部完工。

　　2011年3月，长安街再次西延工程正式开工。这个项目东起古城南路，向西经过首钢东门、首钢厂区后跨永定河，经西六环路、规划中的门城湖公园及门头沟滨水商务区后继续向西，终点至门头沟区的三石路与石龙西路相接，道路全长约6.4千米。这段道路规划为城市主干路，路宽60至80米。这条路将跨过永定河，在长安街与永定河相交的莲石湖路段修建一座跨河大桥。2018年12月24日，北京市规划和国土资源管理委员会发布地名命名通知，根据地名管理的有关法律、法规，将长安街西延工程跨永定河大桥命名为"新首钢大桥"。

图1-20　建设中的新首钢大桥。正前方的山峰为定都峰，海拔680米，位于门头沟区潭柘寺镇桑峪村东北狮山，其位置正处在长安街向西的延长线上（灵极限提供）

西延路段预计2019年底完工，项目完成后北京的东西轴线将延伸到门头沟，使中心城区与京西地区间的联系更加紧密。为门头沟新城和石景山区的发展、支撑首钢地区的改造及疏解中心城区部分功能创造有利条件，对整个北京的发展都有重要作用。西延工程完工后整个东西长安街的长度超过50千米，成为名副其实的百里长街。（图1-20）

继往开来

北京长安街

2

风雷激荡

—— 长安街的政治风云

封建王朝夕阳残照

鸦片战争后，清朝内忧外患不断，古老的中国被屈辱以及压迫所笼罩，长安街也一次又一次在战火中饱受摧残。

1900年8月14日，八国联军攻进北京。8月15日，联军悍然炮轰正阳门，从大清门长驱直入，紧接着便炮击天安门，城楼屋脊被打折，精美的菱花窗格木屑横飞，城楼旁边的华表也被打坏。慈禧太后携光绪皇帝及亲信臣从仓皇出逃西安。（图2-1）1901年7月25日，辛丑年，清政府被迫签订《辛丑条约》。

华夏已经危在旦夕，一座木质城楼又怎能抵挡炮火的猛烈攻击？国

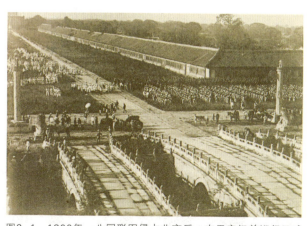

图2-1　1900年，八国联军侵占北京后，在天安门前巡行示威
（山本诚阳/FOTOE提供）

图2-2 1900年，北京天安门前，八国联军统帅瓦德西举行示威性阅兵（文化传播/FOTOE提供）

门失守，摧毁了整个民族的尊严和自信。一群美军借助云梯登上天安门城楼并拍照留念，肆意践踏中国国格。这是天安门第一次被外国侵略者占领。不仅如此，帝国主义的无情铁蹄根本不屑顾惜中华瑰宝，炮击过后，八国联军组织3万军队，在天安门前举行阅兵。这是天安门前第一次现代意义上的阅兵，却是把古老中国深深钉上耻辱柱的一次阅兵。1969年重建天安门城楼时，竟然在拆除城墙时挖出了7枚规格相同的炮弹，相关专家说这些应该是当年八国联军攻进北京城后打到城墙上的炮弹，不过并没有确切的结论，一直以来这7颗炮弹都始终是一个谜。（图2-2）（图2-3）

《辛丑条约》签订后，东长安街以南80米直至南城墙的区域都被划为外国使馆区，严禁中国人在此居住。元明清时代这个地区都是五府六部所在之地，整个国家机器日常运作的场所，然而西方列强却肆意妄为，纷纷在此驻兵。如今的国家公安部大楼便是当年英

图2-3 1900年八国联军在紫禁城举行阅兵式（作者提供）

国兵营所在地。"卧榻之侧，岂容他人鼾睡"，长安街边驻扎着外国人的兵营无疑是在中国皇权的心脏中深深扎了一把尖刀。同时各种外国银行、商行开始出现在东交民巷附近，现代化的文明刺激着封闭守旧的中国人，为了摆脱挨打落后的局面，中国必须经历一场翻天覆地的现代化变革。

1912年2月12日，最后一次"金凤颁诏"宣告清朝末代皇帝溥仪退位。这份改变中国命运的诏书写在装饰着金龙的硬黄纸上，长约53厘米，用黄丝线系在一个木雕金凤的口中，徐徐降下城楼，象征着天子之命乘祥云降落人间。两千多年的封建帝制结束，中华民国建立，正式取代大清帝国，天安门前的大清门改为中华门，城楼前竖起一面五色旗。这份《清帝退位诏书》却没有将该有的新气象吉祥带给人民，反而将国家带入更加动荡的岁月。在那些纷争不断、丧权辱国的日子里，长安街正式从皇权神坛上走下，踏上了现代化的改造之路。（图2-4）

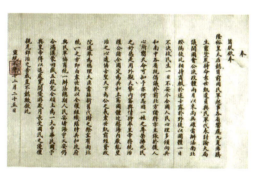

图2-4　宣统帝退位诏书（灵极限提供）

革命浪潮前赴后继

　　1918年，第一次世界大战结束，中国作为战胜国之一却没有获得应有的待遇，在巴黎和会上，西方列强把德国在山东的权益转让给日本。1919年5月3日凌晨，蔡元培得知中国代表团准备在巴黎和约上签字的消息，大为震惊。当天上午，他召集学生代表在自己家中开会，通报情况，并立即召开全校教职员会议讨论形势。当晚，北京大学召开学生大会，决定第二天举行示威游行。蔡元培特地召集学生代表谈话，予以鼓励，并嘱咐在行动时严守秩序，不要为政府干涉造成借口。5月3日这一天，东堂子胡同蔡元培宅中人来人往，群情激奋，彻夜不宁。（《那些逝去的厚重声音》2012年，北方文艺出版社）

图2-5　1919年5月4日，学生代表云集在天安门前（灵极限提供）

　　1919年5月3日晚，北

京13所中等以上学校代表在北河沿北大法科礼堂集会，定于5月4日齐聚天安门举行学界大示威。5月4日下午1时许3000多名学子从四面八方汇集在天安门前，（图2-5）学生们先在广场上举行集会，宣读了《北京市学界宣言》，表明了"取消二十一条""还我青岛""内除国贼，外争国权"的正义要求，随后向市民散发传单进行宣传。满目疮痍的古老城门似乎还没有完全适应这些充满朝气血性的年轻脸庞，以及他们呼喊出的新时代的口号，只是默默目送庞大的队伍从眼前出发，浩浩荡荡走出中华门，经过棋盘街，转向东交民巷，前往使馆区游行。原计划在使馆区示威请愿，但军警早已经做好准备，巷口的铁栅栏已封闭。学生们被此情此景深深刺伤，大声疾呼："国犹未亡，自家土地已不许我通行，果至亡后，屈辱痛苦，又将何如？！"于是参与游行的人们更加义愤填膺、热血沸腾，决定改道向赵家楼胡同曹汝霖家抗议。他们返向北过东三座门经东长安街向东，一路口号声不断，吸引了无数市民的注意和支持。到东单拐向北走米市大街进石大人胡同，又穿过几条胡同到曹宅门前。曹宅内外已警察林立，门窗紧闭。几个勇猛的学生翻墙入内打开大门，学生一拥而入。学生们没有找到曹汝霖，却看到了躲在曹宅的章宗祥。愤怒的学生痛打了章宗祥，点火烧了曹家小楼。这时又有大批警察赶到，逮捕了32名学生。

5月5日上午北京大专学校学生代表召开会议，决定自即日起全市罢课，并通电各方支持。随后上海各界举行罢工、罢课、罢市的"三罢斗争"。天津市召开了公民大会并进京请愿，山东的反帝爱国运动如火如荼……在全国人民的斗争之下，北洋政府不得不提前释放被捕学生，出席巴黎和会的中国代表拒绝在和约上签字。

"五四运动"是一场以青年学生为主、广大群众共同参与的爱国运动。在这场运动中，无产阶级、城市小资产阶级和民族资产阶级逐渐联

图2-6 五四运动（油画），周令钊1951年作品（作者提供）

合起来，组成了一个革命阵营。"十月革命"后涌现出的大批具有初步共产主义思想的知识分子，是"五四运动"的发起者、鼓动者和组织者。数十万具有高度爱国热情的青年学生，充当了爱国运动的先锋。"五四运动"具有广泛的群众基础，是彻底地不妥协地反对帝国主义和反对封建主义的爱国运动。它标志着中国人民反帝反封建的资产阶级民主革命发展到了一个新阶段，即由旧民主主义革命阶段发展到新民主主义革命阶段。因此，"五四运动"是中国新民主主义革命的开端。

"五四运动"极大地提高了中国人民的觉悟，特别是使具有初步共产主义思想的知识分子，认识到无产阶级力量的强大，他们到工人群众中宣传马克思列宁主义和进行组织工作，促进了马克思列宁主义和中国工人运动的结合，从思想上和干部上为中国共产党的成立作了准备。（图

2-6）（图2-7）

1924年段祺瑞任中华民国北洋政府临时执政。然而中华大地上军阀混战愈演愈烈。1926年3月12日日本帝国主义为支持奉军对冯玉祥国民军的战争，炮击大沽口国民军守军。国民军开炮还击，将日舰逐出大沽口。日军以此为借口，联合美、英、法等八国，于16日向段祺瑞执政府发出最后通牒，提出拆除大沽口国防设施等无理要求，限令48小时内答复，否则以武力解决。

3月18日，中共北方区委和北京地委会同国民党北京执行部、北京总工会、学生联合会等各界人民群众，在李大钊的亲自带领下在天安门集会抗议，达成反对最后通牒和驱逐八国公使等决议。会后举行示威游行，从天安门前往铁狮子胡同执政府请愿。段祺瑞执政府军警向游行队伍开枪，并用大刀砍杀手无寸铁的爱国群众。当场打死47人，其中有北京女子师范大学学生刘和珍、杨德群等，打伤200多人，李大钊、陈乔年

图2-7　人民英雄纪念碑浮雕《五四运动》（作者提供）

等也被打伤。

当天，朱自清先生也参加了游行。他回忆说："我自天安门出发后……游行队伍经过东长安街、东单、东四，于下午1时半到达执政府门外。那时在执政府对面有一座大照壁，东西有两座辕门，中间是封闭的广场。约有一千余人进入广场，其他人都聚集在东辕门外的胡同里。执政府门前排列着200余名卫队，领章上都有'府卫'两个黄铜字。游行队伍进入广场只有四分钟，卫队就向群众开了枪，包围在广场外的军警也手持大刀、棍棒大肆殴打……"

这是对历史的真实还原，那一天的执政府门前成了暴虐政府屠杀民众的现场。鲁迅得知惨案情况极为震怒，称1926年3月18日是"民国以来最黑暗的一天"。他当天深夜就写下了著名散文《无花的蔷薇》，后来又写出了《纪念刘和珍君》《淡淡的血痕中》等流传至今的战斗檄文。愤怒的语句响彻云霄："墨写的谎言，决掩不住血写的事实。血债必须用同物偿还。拖欠得愈久，就要付更大的利息！""苟活者在淡红的血色中，会依稀看见微茫的希望；真的猛士，将更奋然而前行。"这些文章，像匕首，像投枪，射向敌人；又像战旗，像战歌，鼓舞着人们继续战斗！不久，段祺瑞被赶下台。

同仇敌忾保家卫国

1931年后，日本帝国主义占领我国东北，把侵略的魔爪伸向华北，中华民族再一次面临着生死存亡的关键时刻。但国民党继续执行不抵抗主义，为适应日本"华北政权特殊化"的要求，组织成立"冀察政务委员会"。与此同时加紧围剿红军，镇压人民的抗日救国活动。全国人民特别是青年学生悲愤不已，惊呼道："华北之大，已安放不得一张平静的书桌了！"

根据北京市委党史研究室编写的《北平抗战简史》（北京出版社，2015年出版）记载，1935年12月初，北平各校学生在"中共北平临时工作委员会"的领导、推动下，纷纷发表宣言"反对一切伪组织、伪自治"。这时国民党政府派何应钦来到北平。北平学联代表决定向何应钦请愿游行，表达华北青年的抗日决心。12月9日，学生们冲破国民党当局沿街设置的封锁线，部分游行队伍先从西单沿西长安街到达新华门前，要求何应钦接见，当面向他递交请愿书。但当局推说何应钦不在不能接见，要求学生立即回校好好读书。此时武装摩托警察已经将学生团团围住，强迫学生回校。这时新华门前的学生越聚越多，东北大学、中

图2-8　1935年12月9日，北平，"一二·九运动"中的学生游行队伍（俄国庆/FOTOE提供）

图2-9　1935年12月，"一二·九运动"爆发，北平学生数千人举行抗日示威游行，遭到国民党军警镇压，游行学生与军警搏斗（张庆民/FOTOE提供）

国大学、北平师范大学以及女一中、艺文中学等多所大、中学2000多请愿学生在新华门前高呼的"打倒日本帝国主义！""停止内战，一致抗日！"口号声此起彼伏，吸引了越来越多的人群。学生们喊着口号，沿长安街一路前行。当来到东长安街王府井南口时，手无寸铁的学生受到军警大刀、木棍、水龙的袭击，100多人被捕。（图2-8）（图2-9）

　　"一二·九运动"得到了全国学生的响应和全国人民的支持，掀起了全国抗日救国运动的新高潮，推动了抗日民族统一战线的建立。

　　在民族存亡的关键时刻，天安门化身屹立不倒的中华脊梁，坚定地站在学生的背后，目送一批又一批热血青年前赴后继投身报国运动中。即便此时的长安街依旧封闭，但她已经抬起被列强压垮的头颅，挣扎着向前迈出坚定的步伐。

　　抗日战争胜利后，古老的天安门获得新生的希望因内战而再次落空，美国将侵略魔爪伸向中华大地，并派出大批军队在我国驻扎。美国士兵经常开着吉普车在大街上横冲直撞，为非作歹，引起了人民群众的愤怒。

　　1946年12月24日，圣诞前夜的晚上八点半，在北京东长安街，北京大学先修班年仅19岁的女学生沈崇赴平安电影院（在今东方广场附近）

看电影。她路过东单公园时，美国海军陆战队伍长威廉士·皮尔逊和下士普利查德突然向她扑来，将她拖进附近的小树林施暴。此时恰好有一行人路过，报告了附近的警察局。

第二天，北平民营通讯社亚光社获悉这一消息，于当天下午发了一条新闻稿。这使国民党北平当局极为惶恐，立即电告国民党中央通讯社，要求其通知各报不许刊登此新闻，企图封锁消息。然而纸包不住火，美军暴行点燃了北平人民的愤慨之情，特别是青年学生积压在心头的怒火。12月27日在北京大学的民主墙上，控诉美军暴行的海报一夜间铺天盖地。

国民党当局看控制不住舆论，又试图歪曲真相，诽谤受害者说"沈崇似非良家妇女"，美联社则污蔑受害者"少女引彼等狎游，并曾言定夜资费"。更有特务造谣是"共产党派女八路来北平引诱美兵成奸，意在煽动学潮"。针对敌人的造谣诽谤，进步记者和北大的一些女同学对沈崇进行了调查，结果真相大白。沈崇的祖父是晚清两广总督沈葆桢，父亲是国民党政府交通部要员。她原籍福建，家住上海，12月1日才从沪赴京就读。如此家世清白的无辜少女被美军摧残蹂躏，还要承受无尽的侮辱，激发了民众更大的抗议声浪，反对美军的正义吼声响彻北平。

1946年12月30日寒风凌厉，中法大学、清华大学、燕京大学、辅仁大学等5000余名学生在沙滩北京大学操场集合，浩浩荡荡的游行队伍经过东皇城根、东华门大街、王府井大街，于下午2时来到了位于协和医院的北平军调处执行部。平时耀武扬威的美军慌忙关上大门，躲进屋里。学生们在院外召开控诉会，将"美军滚回去"的标语贴在执行部大门和院墙上，随后游行队伍来到东单广场。在暴行发生地举行抗议，向周围群众发表演讲、诵读抗暴诗篇，激起民众更大的愤慨。

北平青年点燃的抗暴烈火迅速燃遍了全国。在北平和全国青年的斗争下，1947年1月17至21日美国军事法庭不得不对沈崇事件的主犯皮尔逊进行审判，承认其强奸罪成立，判处将其降为普通士兵，监禁劳役15年。1月29日美国政府被迫宣布撤退部分驻华美军。

内战期间国民党统治区经济状况急剧恶化，酿成全国性经济危机。据统计1947年4月的物价同10年前相比涨了6万倍。1937年一百元能买两头牛，而到1947年只能买三分之一盒火柴。学校更是学费猛涨，学生无法负担，生活清苦，连两餐一粥的生活也无法维持。《清华周刊》愤怒地喊出："内战声高，公费日少，今日丝糕，明日啃草！"北大民主墙上也发出了呐喊："举起我们骨瘦如柴的手，向饥饿宣战，向制造饥饿的人宣战！"

因此，天安门前的广场上再一次酝酿起一场反饥饿、反内战的学生运动。北大、清华等校纷纷罢课，抗议内战。反动当局派出特务四处破坏镇压。这更激起了学生们的愤怒，他们决定举行全市性的反内战示威大游行。

5月20日，北平风沙怒号。清华、北大、燕京、辅仁、中法、艺专等各大学及汇文、贝满等许多中学学生集合在沙滩北大操场，打着"华北学生北平区反饥饿反内战大游行"的醒目标语。站在游行队伍最前面的是清华复员军人大队，他们换上了过去的戎装，迈着有力的步伐，高喊着："抗战军人只打日本！抗战军人不打内战！"7000多人的队伍吸引着数以万计的群众，由沙滩出发，经东四、灯市口然后由王府井拐入东长安街，边游行边向市民讲演，揭露国民党发动内战、卖国独裁的政策，控诉反动政府掠夺人民制造饥饿的罪行。（图2-10）（图2-11）（图2-12）

游行队伍到达天安门时群众齐声怒吼："打倒独裁！"齐唱起了："你、你、你，你这个坏东西，真是该枪毙！"游行队伍到达北平行辕所在的新华门时，派出代表要向李宗仁请愿，但等了一个多小时毫无结

图2-10 1947年5月20日，北平，清华大学"反饥饿反内战"游行队伍通过东四牌楼（灵极限提供）

果。游行队伍的前锋达西单时，突然被多名暴徒包围，用绕着铁丝、嵌着铁钉的木棍痛打。从一些商店的楼上扔下的砖头石块，砸伤了多名学生和市民。但整个队伍还是勇敢、镇定地

图2-11 1947年5月，北平天安门前手举标语、进行"反饥饿反内战"大游行的人们（文化传播/FOTOE提供）

向前。队伍中爆发出"打倒特务，争取基本人权"的响亮口号声。虽然

图2-12　1947年5月20日，北平民主广场，清华大学"反内战反饥饿"大游行队伍（张祖道/FOTOE提供）

这场游行没有让窘困的境遇得到缓解，但却为之后的北京和平解放奠定了民意基础。古老的城门在一次一次波澜壮阔的运动浪潮中静静等待新时代的来临。

巍巍中华砥砺前行

1948年12月，北京解放前夕，漫漫寒冷冬夜并未冷却大多数国人向往新社会的热情。傅作义据守的北京城已经陷入解放军的重重包围之中，长安街和与之毗邻的空地被临时征用为机场，古老的长安街居然承受着飞机的轰鸣与起降，只怕在世界著名大街中是绝无仅有的。北平和长安街都无比期待和平，而这一次历史没有辜负他们，北京和平解放。

（图2-13）

图2-13　油画《和平解放北平》，邓家驹、沈尧伊、张汝为、吴长江作于1977年（灵极限提供）

　　1949年2月3日，解放军入城仪式开始，长安街上有轨电车道两旁人山人海。入城军队经过东交民巷，昔日各种耀武扬威的西方国家使馆大门紧闭。中华民族饱受外侮的日子终于结束了，中国人在长安街边见证了民族真正地扬眉吐气的一天。（图2-14）

图2-14　1949年2月3日，上午10时解放军入城仪式开始（灵极限提供）

　　2月12日元宵节，20万北京市民再次聚集天安门前的长安街，参加北平和平解放大会，领袖毛泽东的画像第一次出现在天安门城楼上方中间的位置。在经历了一个世纪的腥风血雨后，天安门和长安街终于走出了黑暗混乱，看到了"长治久安"的希望。

　　那个春天，战事初了，百废待兴，和平的阳光一扫百年的阴霾，给疲惫不堪的北京城注入了青春的血液，几乎所有人都在为建立一个新的国家而积极努力着。进入9月，紧张的开国典礼筹备工作正式开始，北平各界人士走上长安街，粉刷城楼，修整道路，清理天安门广场以及长安街上的垃圾。这条"中华第一街"经过数千名劳动者的努力，一扫以往颓唐老残之气，变得面貌一新，容光焕发。饱经风霜的古城以一种崭新、充满朝气的姿态迎接新中国的诞生。

9月21日至9月30日，中国人民政治协商会议第一届全体会议在北平举行，中国共产党及各民主党派、人民团体和无党派民主人士等的代表（含候补代表）共662人参加了会议。会议决定中华人民共和国国旗为五星红旗；国歌为《义勇军进行曲》；中华人民共和国定都北平，北平改名为北京；采用公元纪年；10月1日为国庆节。会议还决定在北京天安门前建立人民英雄纪念碑，以表示对革命先烈的无限崇敬和缅怀。（图2-15）

图2-15　邮票《中国人民政治协商会议成立五十周年》（灵极限提供）

　　1949年10月1日，中华人民共和国开国大典在天安门广场举行。参加庆典的各界人士总数达30万人。下午三点整，典礼正式开始，会上中华人民共和国中央人民政府主席毛泽东庄严宣告："中华人民共和国中央人民政府今天成立了！"全场30万人热烈欢呼。

　　毛主席亲自按动连通电动旗杆的电钮，新中国的国旗——五星红旗徐徐上升，中国人民从此站起来了。（图2-16）升旗的同时，礼炮齐发，一共28响。这28响代表28年的党史，中国共产党1921年成立，中华人民

图2-16　1949年10月1日，北京举行开国大典，天安门广场升起了中华人民共和国国旗（文化传播/FOTOE提供）

图2-17　开国大典上使用的礼炮（李军朝／FOTOE提供）

共和国1949年成立，这中间正好是28年，礼炮声震华夏，便是对党的礼赞。（图2-17）

　　毛主席宣读公告完毕后阅兵式开始，中国人民解放军受阅部队按海、陆、空三军的序列编队，海军方队走在最前面，陆军按步兵、炮兵、战车和骑兵顺序进行编队，由东向西分列式通过天安门广场。（图2-18）与此同时，17架飞机凌空掠过天安门广场，接受检阅。（图2-19）

　　阅兵式持续近三小时，完毕时天色已晚，长安街华灯齐放，群众游行开始了。游行队伍分东西两个方向出发，一队队游行群众高举红旗和红灯，纵情欢呼，"中国共产党万岁！""中华人民共和国万岁！""中央人民政府万岁！"口号声响彻云霄。游行队伍走过正对天

图2-18　1949年10月1日，开国大典上的步兵分列式（文化传播/FOTOE提供）

安门的金水桥时，高声欢呼"毛主席万岁！"毛主席在城楼上不断地向群众挥手，不断地高呼"人民万岁！""同志们万岁！"广场上，人们热情洋溢，载歌载舞，万众欢腾，尽情地欢度新中国的第一个夜晚，节日的首都沉浸在幸福、喜悦和欢欣鼓舞中。

今天的人们可以从当时的影像记录里看到天安门前的盛况，曾经饱受列强铁蹄铁甲蹂躏的长安街锣鼓喧天，人人脸上带着发自内心的喜悦笑容。

除开国大典外，新中国成立后在长安街先后举行了16次阅兵。

新中国成立后最初的十年间里，每年都举行阅兵。最初的开国大典阅兵中，受阅武器不少是从战场上缴获来的，步兵方队主要装备是

图2-19　1949年10月1日，北京天安门广场，开国大典上接受检阅的空军飞行队列（文化传播/FOTOE提供）

"三八大盖"。

1951年摩托化步兵方队煞是威风，此后各种新式武器不断加入阵营中。

1951年火箭炮兵方队第一次出现在受阅队伍中，使用的是苏联的"喀秋莎"火箭炮。（图2-20）

1956年国庆阅兵，国产喷气式歼击机第一次通过天安门上空接受检阅。

1959年参加国庆阅兵典礼的各界群众人数达到新高度，达70万人。受阅部队装备中的自动步枪、大炮、坦克、歼击机，都是中国自行制造的。

图2-20 1953年，在朝鲜战场上，中国人民志愿军用苏联制造的"喀秋莎"火箭炮向敌人阵地发射时的情景（简兴安/FOTOE提供）

　　1981年阅兵时，士兵们穿的还是"65式"军服，帽徽是一个红五星，衣领上缀两个对称的红领章，被称为"三块红"。

　　1984年阅兵时，军装换成了最新的"85式"，战略导弹部队首次亮相。（图2-21）

　　这次国庆庆典还有一个焦点，就是在游行的队伍里，突然打出"小平您好"的横幅。这个有点"藐视权威"的标语，在全中国关注的目光

图2-21　1984年，35周年国庆阅兵，解放军三军仪仗队（袁苓/FOTOE提供）

面前，却成功地在整个游行所有的口号中脱颖而出，因为这是长安街建
成600多年来，第一次出现对一个平凡而又伟大的个体名字的呼唤。"小
平您好"表达了人民群众内心深处对改革开放总设计师发出的由衷祝愿
和亲切问候。改革开放的春风已经吹遍了中华大地。

　　1999年10月1日，共和国50华诞，天安门广场举行了盛大的阅兵式，
陆军航空兵、海军陆战队等部队第一次亮相受阅大军。

49

2009年，国庆60周年之际，天安门广场再一次举行阅兵式。共和国的三军仪仗队气贯长虹；各种海陆空徒步方阵用一种精准无比的美学构建起强大的视觉效果；紧接着各种新式武器方阵呼啸而来，以排山倒海之势激荡着每个中国人的民族自豪感，隆隆战机引擎声在观众头上挟雷裹电般席卷而来，共同演绎出一首献给祖国母亲的和平自由、独立顽强的壮歌。

（图2-22）

2015年9月3日，在北京天安门广场，中国第一次以阅兵的方式隆重

图2-22　国庆60周年阅兵精彩现场（刘彬摄）

图2-23　2015年9月3日，受阅部队接受检阅（陈建力摄）

纪念中国人民抗日战争暨世界反法西斯战争的胜利。（图2-23）此次阅兵旨在让全国各族人民更加深刻领悟到70年前的那场伟大胜利对于中国和世界的重要意义，深情缅怀那些为抗战胜利而前赴后继、血洒疆场的先烈

们，更加牢记中国人民为维护民族独立和自由、捍卫祖国主权和尊严建立的伟大功勋和中国人民为世界反法西斯战争胜利做出的伟大贡献。

继往开来

北京长安街

3

寻幽探胜

—— 长安街的名胜古迹

巍峨瑰丽的宫殿御园

天安门城楼

天安门城楼位于天安门广场北端，面临长安街，是明、清皇城的正门。以其杰出的建筑艺术和特殊的政治地位为世人所瞩目。（图3-1）

图3-1 现在的天安门城楼（作者提供）

55

　　据史料记载，皇城正门于明永乐十五年（1417年）开始兴建，永乐十八年（1420年）建成。最初完全仿照南京的承天门而建，建成后仍取"承天启运，受命于天"之意名"承天门"。初建成的承天门坐落于红色墩台上，下辟五个城门，上面是一座木牌楼式建筑。然而天有不测风云，在明天顺年间一场大雷雨中，承天门遭雷击起火焚毁。明成化元年（1465年）承天门得以重建。修建一新的城楼由东西面阔五间扩建为九间，上部的牌坊式改为宫殿式，已有了今日天安门的雏形。

　　明崇祯十七年（1644年）李自成率起义军四路进击攻破京城。崇祯帝仓皇出逃，在景山上吊自缢，明王朝以极不体面的方式谢幕。李自成进京后士兵四处杀掠，百姓惊恐不安。同年四月，明总兵吴三桂与清多尔衮合兵在山海关击溃李自成。李自成退出京师，临行前，纵火烧毁紫禁城，承天门也未能幸免。

　　清顺治八年（1651年）重修承天门，并改名天安门，意为"受命于天，安邦治国""外安内和，长治久安"之意。天安门的名称一直沿用至今。（图3-2）

　　重建的天安门高33.7米，大殿东西宽九间，南北进深五间，象征着帝王的"九五"之尊。天安门城楼大殿屋顶为重檐歇山顶，中央为正脊，两重檐有八条垂脊，合为九脊。在正脊两端和重脊一端，各有一条彩色琉璃的龙形饰件，张口吞住殿脊，故有"九脊封十龙"之说，表示有十条龙在这里守卫城楼。

图3-2　清末时的天安门（灵极限提供）

天安门前有外金水河，河上建有七座汉白玉石桥。正对天安门的那座桥身最宽，玉石栏杆的柱头上雕饰着蟠龙图案，这座桥称御路桥，是专供皇帝使用的。御路桥两旁的桥叫"王公桥"，供王公贵戚专用，再往外两座叫"品级桥"，供一至三品官员使用。最外边两座桥相隔较远，建于社稷坛和太庙前，供四品及以下官员及其他人应召出入宫廷时行走。

在天安门前后即天安门外和门里，各矗立着一对高耸挺拔的华表，以汉白玉制作，通高9.57米。华表下面为八角须弥座，柱身上雕着缠柱云龙，柱子上端是承露盘，盘上蹲着一只叫"犼"的小兽。天安门前的一对华表，犼面朝南，叫"望君归"，意为当君王出宫游乐长久不归时，催促帝王归来。天安门后的一对华表犼面朝北，叫"望君出"，希望君王多出宫体察民情。（图3-3）

在天安门金水桥前后还各有一对石狮子。石雕的狮子勇猛威武，被视为辟邪、驱恶、镇宅、招财的吉祥物。

天安门城楼、金水河与金水桥、华表、石狮共同构成紫禁城前雄伟、庄重、和谐的建筑群，是中华民族古典建筑艺术结晶的杰出代表。

紫禁城

进入天安门，再经过端门就到了午门，这是紫禁城的正

图3-3　天安门前华表（作者提供）

图3-4　紫禁城午门（作者提供）

门。进入午门，才真正进入了紫禁城。紫禁城是中国最后两个封建王朝明朝与清朝的皇宫。始建于明永乐四年（1406年），建成于永乐十八年（1420年），是中国保存最完整、规模最大的古代皇宫建筑群，1987年被联合国教科文组织批准列入《世界遗产名录》。世界遗产委员会对它的评价是："紫禁城是中国五个多世纪以来的最高权力中心。它以园林景观和容纳了家具及工艺品的9000个房间的庞大建筑群，成为明清时代中国文明无价的历史见证。"（图3-4）（图3-5）

　　紫禁城不仅坐落在北京的中心，而且主要建筑都在城市中轴线上，占地面积72万多平方米，建筑面积达15万平方米。传说有房共9999间半，据1978年统计共有8704间。

紫禁城由高大的城墙护卫，墙高10米。城墙四角的角楼，结构精巧，造型别致，有九梁十八柱七十二条脊二十八个屋角高耸于城墙之上。城外还围有宽52米的护城河，构成牢固的防御体系。

紫禁城由前朝与后廷两部分组成。前朝位于南部。主要宫殿为太和殿、中和殿与保和殿，它们共同坐落在一个巨大的"土"字形须弥座上。前朝两翼东侧为文华殿，西侧为武英殿。后廷位于北部，是帝后的生活区。乾清宫、交泰殿和坤宁宫是后廷的中心，两侧为东西六宫、宁寿宫、慈宁宫等。最北是御花园。

紫禁城既是皇帝行使权力、办公及举行各种礼仪及庆典的地方，又是他与其家族居住生活的场所。里面不仅有数不清的殿堂，还有庙宇、戏楼、花园，整座皇宫千门万户，内外有别，上下有序，是我国现存最大、最完整的古建筑群。

图3-5　民国时期午门（作者提供）

1912年末代皇帝退位，1925年将紫禁城改为故宫博物院，对公众开放。现在的故宫博物院是世界上馆藏最丰富的博物馆之一。首先它是一座皇宫遗址博物馆；其次它是一座包罗万象（青铜器、玉器、瓷器、珍宝、绘画等）的综合艺术博物馆，馆藏达186万余件；再次，它还是一座集中国古代建筑之大成的古代建筑博物馆。

中南海

中南海是中海、南海的通称，与北海同为明、清皇家园林西苑的一部分。北海与中海辽、金时代就已形成。当时在城的东北郊，曾建有皇家行宫。元代以北海琼华岛为中心建宫殿与皇城。

明初朱棣当燕王时，中海是燕王府。永乐年间，在中海南部又挖一湖泊，称南海，北海、中海、南海统称太液池。

中南海不仅是皇家园林，皇帝也常在这里听政。南海北岸的勤政殿，慈禧常在这里垂帘听政。光绪亲政时期，也主要在这里处理政务。南海中有一小岛叫瀛台，乾隆皇帝幼年时在此读书。维新变法失败后，光绪被囚在这里直至去世。

1900年八国联军侵占北京，中南海被侵占成为"联军统帅部"。联军统帅瓦德西的办公室就在西门内的原慈禧寝宫仪鸾殿。

辛亥革命后，袁世凯窃得大总统位子，将中南海改为总统府。按中国传统，府邸的正门要开在南面，于是将中南海南侧的宝月楼下层当中三间打通，改建为大门。又将挡在门前的皇城墙扒开一段缺口，加砌了两道八字墙，使缺口与大门衔接。在门内加建了一座红墙黄瓦的大影壁，以遮挡外人视线。改建后的宝月楼被命名为新华门，并将门前的一段西长安街改称府前街。还在新华门对面的府前街南侧砌筑了一道西洋式花墙，以遮挡背后破旧的老房，改善总统府门前的观瞻。

图3-6 新华门（作者提供）

关于建造宝月楼的缘起，乾隆在《御制宝月楼记》中讲得很清楚，南海的南岸是背靠着皇城的狭长地带，原来没有宫室，从瀛台上望过去过于空旷，缺乏景观，因而要建一座楼。这座楼是临水赏月的佳处，颇有月中广寒宫的意境，因而命名为宝月楼。宝月楼于乾隆二十三年（1758年）春季开工，当年秋季就完工了。（图3-6）

同时，袁世凯将仪鸾殿改称怀仁堂，在此接见外宾，宴请国会议员。袁世凯准备登基做皇帝时，又将中南海改称新华宫。袁世凯死后，北洋军阀冯国璋、曹锟等都盘踞在中南海。

1928年北伐成功，首都南迁，北京再次改为北平，中南海作为公园对公众开放。抗战胜利后，中南海又成为国民政府主席北平行营所在地。1949年北京解放后，中南海成为中共中央、国务院所在地。中南海看似一风景园林，但百多年来，一直是中国的政治中心。

菖蒲河

从现北京市劳动人民文化宫南门向东，一直到南河沿大街南口仍保留着一段黄瓦红墙的皇城墙。沿南皇城墙北侧东西向有一条小河叫菖蒲河。因河中长着许多菖蒲而得名。它是皇城水系的组成部分，源头来自中南海，由太液池南端流出，折向东南，经过天安门前再沿皇城南墙北侧流向东，至南河沿后向南折，汇入御河。菖蒲河既是西苑三海的出水

　图3-7　菖蒲河公园东入口处（作者提供）

道，也是紫禁城筒子河向南穿过太庙的出水道。清代称天安门前的一段叫金水河，菖蒲河又叫外金水河。东端进入御河的水闸，清代名天妃闸。明代在河上建有一座桥，清代名为牛郎桥，是一座石台木板桥。1913年打通南池子大街，在皇城墙上拆出券门，同时将此桥改造为石拱桥。河北岸在明代为皇宫东苑，跨河建有涌福阁。民国以后，菖蒲河两岸陆续建满房屋，并在河南岸形成了东、西银丝套两条胡同，菖蒲河成了垃圾堆放场和污水沟。1949年被架上盖板，变成暗沟。20世纪60年代后填平河沟，改为街道。2002年搬迁河道两侧居民，挖出菖蒲河故道，恢复了水面。沉寂了40余载之后的古河道——菖蒲河苏醒了。（图3-7）（图3-8）（图3-9）

图3-8　菖蒲河公园凌虚亭（作者提供）

图3-9 菖蒲河公园的"凌虚飞虹"景点（作者提供）

恢复后的菖蒲河全长约600米，绿化建设与复建古迹相结合，营造出"红墙怀古""菖蒲迎春""天妃闸影""凌虚飞虹"等景点。点缀适当的雕塑小品，烘托气氛，画龙点睛，更使人耳目一新，园内绿树红墙，风光秀丽。

肃穆凝重的祭坛寺庙

太庙

天安门的东侧，紧临着一座建筑，它南面的大门上挂着由毛泽东主席亲笔题写的"北京市劳动人民文化宫"的牌子，（图3-10）这里原为明清

图3-10　北京市劳动人民文化宫南门（作者提供）

图3-11　太庙全国重点文物保护单位铭牌（作者提供）

两代皇帝祭祀祖先的太庙，始建于明永乐十八年（公元1420年）。(图3-11)

　　元朝根据"前朝后市，左祖右社"的规制在大内左右建有太庙和社稷坛，但距离较远。明代在规划、筹建紫禁城的同时，就在紧临紫禁城的左右规划建设了太庙与社稷坛，并与紫禁城同时完工。

　　太庙整体为长方形，占地约14万平方米，建有三重围墙。第一道墙西面开有三座门。三座门最南面的是太庙街门，即太庙正门，通向天安门与端门之间的广场；中间的称太庙右门，又称神厨门，通端门与午门之间广场的南部；最北边的门称西北门，位于午门外东侧。乾隆60岁以后，祭太庙时为减少劳累，不再走太庙街门，而改乘辇由西北门入，故此门又称"花甲门"。现在我们看到的挂有"北京市劳动人民文化宫"

牌匾的南门原本是没有的，这个门是1914年才开辟的。（图3-12）

三道墙将太庙围成了三重院落。第一重院落东南角有一独立小院，院内有宰牲亭和治牲房。此外，第一重院内遍植柏树，古柏参天，形态各异，苍劲古朴，衬托得太庙格外庄严肃穆。第二道围墙南边正中有三座门，黄琉璃瓦庑殿顶，檐下是黄绿琉璃斗拱额枋，

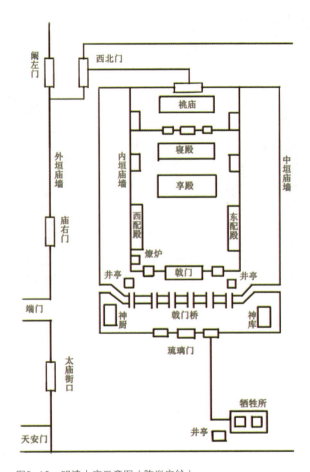

图3-12　明清太庙示意图（陈胤宏绘）

设计极为别致端庄，被称为五彩琉璃门。（图3-13）门内第二重院内是玉带河与金水桥。金水桥为汉白玉单孔石桥，共七座，与天安门前石桥用途相同。中间为御路桥，为皇帝专用。两侧为王公桥，再外侧两座为品级桥，最边上两座为差役等行走。体现了极严格的封建等级制度，也体现了太庙的尊崇。

第三道围墙南边正中有五座门。门内外陈列有8个戟架，每架陈列

图3-13　太庙五彩琉璃门全貌（作者提供）

15支镀金戟，共陈戟120支，因而称此门为戟门。八国联军侵占北京时，戟和戟架全被掠走。戟门屋顶曲线平缓，出檐较多，斗拱较大，与一般清代建筑风格有异，更具有明代建筑特点，是太庙中唯一留下的明代建筑。（图3-14）

　　大戟门内的第三重院落才是太庙的主体。在门内的中轴线上建有太庙三大殿：前殿、中殿、后殿。前殿与中殿在一个三层的土字形汉白玉基座上。前殿11间，黄琉璃瓦重檐庑殿顶。殿内梁柱均用沉香木包裹，以黄色檀香木粉涂饰，色调淡雅，气味芳香。殿前有月台和宽广的庭院。平时帝后的牌位均供奉于中殿，祭祀时移往前殿。前殿是举行正式祭祀典礼的殿堂。前殿有东西配殿各15间。东配殿供奉历代有功皇族的牌位，代善、多尔衮、多铎、豪格等都位列其中。西配殿供奉异姓有功大臣的牌位。中殿有东西配殿各5间，用以储存祭器。（图3-15）（图3-16）

图3-14　太庙戟门（作者提供）

图3-15　太庙前殿（作者提供）

图3-16　太庙中殿（作者提供）

　　太庙位于紫禁城左前方。总体设计上既与紫禁城融为一体，又相对独立。以三重高墙围起的三重院落，强调了太庙的尊贵与封闭。以大面积常绿林木包围主体建筑，墙、门、桥、河有机结合在一起，增加建筑的深度感，营造肃穆、深邃的氛围。外院的繁茂林木与内院的单纯空间形成鲜明对比，更突显了主体建筑的雄伟气势。（图3-17）

　　清朝在立国之时，对前朝的太庙表现得极为尊重，将明代帝后的牌位请出太庙，移至历代帝王庙。原太庙经修葺后改为清代太庙。

图3-17　太庙柏林（作者提供）

　　1912年，清帝退位，根据当时对皇室的优待条件"清帝宗庙陵寝永远奉祀，中华民国临时政府酌设立卫兵保护"，退位的清帝仍拥有太庙。1924年北洋政府收回太庙，改为和平公园，向市民开放。1931年由故宫博物院接管改为分院。

　　新中国成立后，1950年1月政务院决定将太庙拨给北京市总工会，作为劳动人民的活动场所。毛主席亲自题写匾额"北京市劳动人民文化宫"。同年5月1日正式对外开放。当时著名作家赵树理题诗："古来数谁大，皇帝老祖宗。如今数谁大，劳动众弟兄。世道一变化，根本不相同。还是这所庙，换了主人翁。"劳动人民文化宫曾经有过辉煌的年代，里面建有劳动剧场、灯光球场、劳动浴池、图书馆、展览厅等，还举办各种职工培训班，真正成了劳动人民的学校和乐园。

目前，北京市劳动人民文化宫紧跟时代要求，充分发挥太庙自身优势，通过整合社会文化资源，正在建立一整套公益服务和市场运作相结合的运行机制。这里汇聚了一批具有很强社会影响力、具有鲜明文化特色、契合太庙文化气质与历史建筑氛围的文化经典作品。这些作品承载着中华优秀传统文化，蕴藏着丰富的艺术价值，对于弘扬民族特色品牌、促进中西文化交流具有重要作用。

社稷坛

紫禁城右前方，与太庙对称的是按"左祖右社"规制建设的社稷坛，明永乐十八年（1420年）建成。但这里的历史更为久远，早在唐朝这里是唐幽州城的东北郊，建有一座古刹，辽代扩建成兴国寺，元代改称万寿兴国寺。至明代营建紫禁城时，重新规划建为社稷坛。（图3-18）

社稷坛是帝王祭祀土地神与五谷神的祭坛。社和稷是传说中的两位神，管土地者为社神，管五谷者为稷神。社神名句龙，传说是神农氏第十一代孙，能辨别土壤，后人尊称他为后土。稷神名弃，相传其母姜嫄在一次郊游时，踩到一个大脚印而怀有身孕，生下一男。为免于非议，将婴儿弃于郊外，被人收养，起名叫弃。弃从小喜欢务农，尝试种各种植物，收获种子，教人耕耘，被尊为五谷神。

社稷坛有三座门，与太庙遥相对称。由南向北依次为社稷街门、左门、东北门，坛分内坛、外坛，主体建筑社稷坛在内坛正中。白石砌三层方台，上层坛面按五行方位铺五色土：中黄、东青、南红、西白、北

图3-18　社稷坛棂星门（作者提供）

黑，代表全国土地，表示"普天之下莫非王土"。中央埋有社主石，又名"江山石"，以示江山永固。坛北为拜殿，是皇帝祭祀时休息或雨天时祭祀用。殿北为戟门，是社稷正门，面阔五间，陈有戟72支，同样在1900年被八国联军掠走。（图3-19）

　　辛亥革命后废除祭祀社稷的制度。1914年北洋政府内务总长朱启钤倡议将社稷坛改为中央公园对公众开放，是北京最早开放的公园。1925年孙中山逝世后在拜殿停灵柩举行公祭。1928年改称中山公园，改拜殿

图3-19 社稷坛五色土（作者提供）

为中山堂，后又将戟门改建为殿堂，并陆续修建了长廊、水榭、唐花坞、格言亭等景点。中山公园成为一座精致的城市公园。（图3-20）（图3-21）

中山公园南门一进门，就可看到一座精致的汉白玉牌坊。上面题有郭沫若书写的"保卫和平"四个大字，一般称它为"保卫和平坊"。（图3-22）

这座牌坊原是立在西总布胡同西口，记录着清廷软弱可欺的一段屈辱的历史。1900年6月，八国联军侵占北京前夕，德国公使克林德前往总理各国事务衙门，路经西总布胡同西口时，遇上神机营章京恩海率队巡街。克林德首先挑衅，从轿内向外开枪示威，恩海还击，当场将克林德

图3-20　中山堂（作者提供）

图3-21　社稷坛格言亭（作者提供）

图3-22 保卫和平坊（作者提供）

击毙，这成为八国联军攻占北京的直接导火索。八国联军侵占北京后，侵略者到处搜捕恩海，后为日本的包探捕获，被德军枪杀于西总布胡同西口。恩海临刑前大义凛然地说："余因杀敌而死，死无所憾。"

然而腐败软弱的清政府却屈服于侵略者的压力，通过外交途径向德国赔礼道歉，并答应为克林德立牌坊。1903年初，一座石制的克林德牌坊竣工，立于东单北大街西总布胡同西口。

图3-23　社稷坛内孙中山像（作者提供）

　　这座代表屈辱的石牌坊压在北京人的心头整整15年。1918年德国在第一次世界大战中战败，牌坊被移至当时的中央公园（今中山公园）内，改为"公理战胜"坊。1952年，在北京召开亚洲及太平洋区域和平大会，郭沫若题写坊额，将石牌坊改为"保卫和平"坊。坊北面矗立着孙中山塑像。（图3-23）

　　现在人们常出入的南门为民国时所建。（图3-24）

图3-24　中山公园南门（作者提供）

都城隍庙

　　成方街在复兴门内大街以北，东起闹市口北街，西至复兴门北顺城街。因都城隍庙在成方街路北，于是以都城隍庙而命名，明代称城隍街，清代称城隍庙街，民国初按谐音改称成方街，沿用至今。

城隍神之名，最初见于《北齐书》，南北朝时期城隍庙尚局限于江南一些地区。唐代中期以后，逐渐普遍。进入宋代，全国州、府、县城皆建有城隍庙，并列入祀典。

老百姓把城隍庙里供奉的神称城隍爷，是人们心目中的城市保护神。他能够守护城池，保佑百姓，除暴安良，惩恶扬善。历史上有名的忠臣文天祥、杨椒山是正义的化身，他们都曾被封为北京的城隍爷。

明清两代北京有四座城隍庙，即都城隍庙、宛平城隍庙、大兴城隍庙、江南城隍庙。其中都城隍庙级别最高，历史最久。

都城隍庙始建于1270年，关于都城隍庙建设的始末，在"大都城隍庙碑"中有详细记载："（至元）七年，太保臣刘秉忠、大都留守臣段贞……言：大都城既成，宜有明神主之，请立城隍神庙。"从以上文字中可以看出元代宫廷对于城隍的尊崇与信奉，上至内廷，下至百官庶人，不论是水旱灾害，还是疾病祸福，都要求城隍保佑，而且将"国家治平，民物繁阜，日盛一日"都归功于城隍所赐。大都城隍爷俨然成为国家的保护神。

到了明代，都城隍庙的地位更为显赫。朱元璋建国后，鼓吹城隍神能鉴察民之善恶，行善者得福，作恶者受惩，用以震慑臣民，巩固统治。他于洪武二年（1369年）正月大封京城和天下城隍，将城隍神分成都、府、州、县四级，京都的城隍神位于这一等级金字塔的顶端。

明永乐年间，重修都城隍庙，其后又于正统十二年（1447年）、嘉靖二十七年（1548年）、万历三年（1575年）三次重修。中轴线上依次为庙门、顺德门、阐威门、钟鼓楼、大威灵祠和寝祠，还有配殿及治牲所、井亭、燎炉、碑亭等，规模宏大，建筑雄伟。

都城隍庙对经济的发展也起到了很大的促进作用。北京的庙会即始于都城隍庙庙会。它是北京最早，也是明代最大的庙会。每月初一、十五、二十五开市，商贩云集，庙会自成方街到闹市口、旧刑部街，列肆三里，最盛时绵延十里。庙会上不仅日常用品齐全，还汇集了全国各地的土特产品，如苏绣、蜀锦、徽墨、宣纸及名窑瓷器、玉器珠宝、古玩字画等各类奇珍异宝。庙会不仅吸引了全国各地的商人，还吸引了外国商人。《花村谈往》一书描述了"碧眼胡商，飘洋番客，腰缠百万，列肆高谈"的情景。

　　清代，除了每月三天的庙会外，每年农历五月十一日还由太常寺官员在此举行祭祀城隍的盛大活动。届时，香客络绎不绝，小贩高声叫

图3-25　修葺一新的都城隍庙后殿（寝祠）（作者提供）

卖，热闹非凡。

　　清代在雍正四年（1726年）、乾隆二十八年（1763年）曾对都城隍庙重修。但在同治十年（1871年），一场大火烧毁了都城隍庙的大部分殿堂。后来仅修复了仪门及寝祠，鼎盛达600年的都城隍庙逐渐衰败。

　　又经历了一百多年的风雨侵袭，古老的庙宇已残破不堪。2005年，都城隍庙迎来了它百年来的首次大修。经市文研所进行考古勘探后，依照旧制，精心修复，修缮工程持续近一年。现在修复一新的都城隍庙寝祠矗立在原址，面阔五间，前出轩三间，殿檐为五彩斗拱，旋子彩画，殿顶为黄顶黑琉璃瓦剪边，整座建筑气势巍峨。（图3-25）

于谦祠

　　过了崇文门内大街，东长安街路南是光彩大厦、新闻大厦等。原来在建国门内大街南侧有一条东西向胡同，由北京站街东至古观象台，叫东裱褙胡同，由北京站街至崇文门内大街叫西裱褙胡同。因北临贡院，明清时买卖字画者很多，胡同中有许多从事裱褙工作者，因而得名裱褙胡同。近十几年，建国门内大街上建了许多大厦，临街多条胡同被拆除，东、西裱褙胡同已消失大半。于谦祠原在西裱褙胡同路北，胡同被拆除后，它成了保留在大厦中的一个孤岛。于谦祠并不是什么深宅大院或宏大的寺庙式建筑，只是一个坐北朝南的小院，因于谦生前为官清廉，"所居仅蔽风雨"，明代宗曾将位于西华门附近的一所豪宅赐给他，他坚辞不去，始终住在简朴的小院中。于谦被害10年后，成化二年（1466年），明宪宗为他平反昭雪，特诏追认复官，并将他原住宅改为"节忠祠"。万历十八年（1590年），于谦被赐谥号"忠肃"，在祠堂中立于谦塑像。清代顺治年间，像被毁，祠堂废弃。至光绪年间又重建，在东院内建有一座两层楼阁，名"魁光阁"，上层称"魁星阁"，

图3-26　于谦祠正门（孙一泓摄）

悬有"热血千秋"木匾，正院的五间为享堂，内供于谦塑像。1900年，义和团曾在于谦祠内设立了北京的第一个神坛。（图3-26）

　　1976年唐山大地震时，魁星阁遭毁坏，后被拆除，现于谦祠孤零零地保留在高楼大厦间，成为现代化城市中留下的一点历史记忆。

精美完好的古观象台

古观象台

北京古观象台位于建国门立交桥西南侧，是世界上最古老的天文台之一，以其建筑完整、仪器精美而又保存完好以及在东西方科技交流史上的独特地位而闻名于世。（图3-27）

至元十六年（1279年），在大都城东南部，现中国社会科学院的位置曾建有一座天文观测台，名为司天台，上置郭守敬、王恂等人创制的简仪、仰仪等，后毁于战乱。明正统七年（1442年），在东南城角重建，复制了元代仪器，名观星台。正统十一年（1446年）又增修紫微殿、晷影堂等附属建筑，观星台初具规模。清代沿袭明制，观星台改称观象台，隶属于钦天监。

清康熙、乾隆年间由比利时传教士南怀仁、德国传教士戴进贤先后监制，制造了8架大型铜铸天文仪器，造型美观，雕刻精湛，在工艺和装饰上具有浓郁的中国民族风格，而在天文度量制、结构等方面反映了西欧文艺复兴以来天文测量的进展和成就，成为东西方文化科技交流的历史见证。这些仪器不仅是天文观测工具，还成为珍贵文物。

图3-27 北京古观象台（孙一泓摄）

　　1900年，古观象台遭到八国联军的洗劫，德、法两国瓜分了观象台的10架仪器，后迫于世界舆论，陆续归还中国，德国抢掠的仪器直至1921年才运回北京。（图3-28）

　　辛亥革命后，该台改称为中央观象台，1929年改为国立天文陈列馆，只做气象工作，结束了历时近500年的世界上历史最久的连续天文观测史。1956年5月古观象台以北京古代天文仪器陈列馆的名称对社会开

图3-28　古观象台天文仪器（孙一泓摄）

放。1967年修建环城地铁时，地下工程危及台体，周恩来总理指示"古观象台不能拆，绕道施工"，这座古迹得以保存。

　　1979年8月，连日暴雨，古观象台东北角坍塌、东南角开裂，国家投巨资进行抢修。修后的古观象台外观依旧，但城墙内掏空，不但进行了加固，而且建成了上下两层的展室，于1983年重新对社会开放，成为进行爱国主义教育与天文科普教育的重要场馆。

那些已经消失的建筑

　　城市建设是不断发展的，逐步实现城市的现代化是历史发展的必然。如何把保护古建筑与城市建设结合起来，是我们面临的重要课题。在长安街上，曾经有多处古建筑由于各种原因被拆除，今日回望，也许能有一些启示。

堂子

　　堂子为满语"神庙"的称呼，顺治入关前曾将四位战亡祖先的遗物收藏在木匣里，设堂子供奉。清代建立后于清顺治元年（1644年）在原长安左门以南建堂子，凡有重大的政治、军事行动，就在堂子内举行祭祀、誓师，称"谒庙"。到乾隆年间，"谒庙"直接改称"谒堂子"。

　　1900年八国联军入侵北京，东长安街东南一带原清朝中央衙署五府六部一带被联军抢掠烧毁。在战后签署的《辛丑条约》中将这一带划为使馆区，中国不能在界内行使主权。懦弱的清代统治者无奈之下将堂子搬出原址，迁往东长安街南河沿南口路北。

　　堂子的主要建筑有祭神殿、圜殿及尚神殿。

图3-29　贡院东街路牌（作者提供）

祭堂子的习俗在末代皇帝溥仪逊位后停止，堂子逐渐荒废。20世纪80年代末堂子被拆除，在它的原址上盖起了北京贵宾楼饭店。

北京贡院

过了东单，路北有中国妇女活动中心、交通部、国际饭店等建筑。而过了朝阳门南小街，在东总布胡同南边有两条南北向胡同，分别称贡院西街和贡院东街，还有东西向胡同称贡院头条、贡院二条等。为什么这些地名都与贡院有关？（图3-29）

科举制度是我国封建社会通过考试选拔官吏的制度，创始于隋朝，确立于唐代，历经1400余年，一直延续至清末。从唐玄宗开始，科举考试在专门的考场进行。献给皇帝的物品叫贡品，科举是为皇帝贡献人才的，因而科举考场被称为贡院。

图3-30　贡院考棚，1900年（作者提供）

现在北京贡院西街、东街一带，是元代礼部所在地。明初礼部迁往东长安街南侧新址，明永乐年间将礼部旧址改建为贡院。当时京城的城垣和皇宫建设尚未完成，朝廷财力物力有限，考棚用木板和苇席等搭建，十分简陋。贡院里监考很严，进门时要严格搜身，防止夹带，进入考棚后立即锁门，称为锁院贡试。考生每人一间考棚，内有炭火、蜡烛，

图3-31　北京贡院明远楼，1900年（作者提供）

因而极易引起火灾。起火后考生又因锁门而无法逃脱，常酿成惨剧。明英宗天顺七年（1463年）春试某晚，考场起火，烧死考生90余人，伤者无数。后死者葬在朝阳门外，立碑"天下英才之墓"，人们称为举人冢。明正德年间，大学士张居正上疏皇帝，将贡院的木板考棚改为砖瓦建筑。清乾隆年间，为表示对读书人的重视，将贡院扩建并修葺一新，竣工时皇帝亲临视察。（图3-30）

乾隆时扩建的贡院坐北朝南，大门五间，称为龙门，有鲤鱼跳龙门之意。中路主要有明远楼、聚魁阁、会经堂等，（图3-31）东西两路为

图3-32　鸟瞰贡院考棚（作者提供）

考棚，又名号房，共计9000余间。整个贡院由高墙围起，四角建有瞭望楼，占地广阔，蔚为壮观。清代全国的"会试"和顺天府的"乡试"都在这里进行，一直到清光绪三十二年（1906年）科举制度废止，贡院才闲置下来，后逐渐变为民居并日益破败。（图3-32）

　　明清的科举制度，正式由国家举行的科考分为三级：乡试、会试和殿试。乡试每三年举行一次，在农历八月，称秋试或秋闱，在各省贡院举行。顺天府的乡试在北京贡院举行。乡试考中的称为举人，头名称解元。中了举人就有了做官资格，同时可以参加会试。会试也是每三年举行一次，在农历三月，称春试或春闱。考中者称贡士，头名叫会元。贡士可参加四月举行的殿试，由皇帝亲自主持，录用名单称为金榜。金榜

图3-33　中国社会科学院（作者提供）

题名是当时读书人最大的荣耀和梦想。取中者称进士，前三名分别称状元、榜眼、探花。

明清时期，在贡院四周还形成了一个为贡院服务的商圈。四周的许多胡同内，经营着与会试有关的商品和服务。

贡院南面有条小胡同叫鲤鱼胡同，这里开办了许多会馆，供考生住宿，成为会馆一条街。起名鲤鱼胡同，还有一个小故事。传说有一个贫穷的河南考生来京赶考，住不起旅馆。胡同里的一位好心老人收留他。考试前三天，突然下起倾盆大雨，一声炸雷惊起，从云端跃出一条金光闪闪的鲤鱼，落入考生住的胡同里，接着又在一声惊雷中跃起，跃向贡院……考试发榜时，穷考生一举高中，被称为鲤鱼跳龙门。这个故事广为流传，于是进京赶考的考生们纷纷住进这条胡同。各种会馆、旅馆也应运而生，人们称这条小胡同为鲤鱼胡同。

贡院斜对面还有一条小胡同，胡同里开满当铺。这是怎么回事？原来考生进京赶考，若带许多银子很不方便，若带不足，急需银两时又无法筹措，于是一些考生便带一些贵重物品，需钱时典当出去备一时之需。于是这里便开了许多当铺，典当后便有了银子，人称之为顶银胡同。此外还有驴蹄子胡同、笔管胡同等。现在，在原贡院旧址上矗立起社会科学院办公大楼，真正成为人才汇聚之所。(图3-33)

从南府到升平署

明代时，为内宫服务的机构极为庞大，计有四司、八局、十二监共计24个衙署，如惜薪司、钟鼓司、宝钞司、银作局、浣衣局、兵仗局、巾帽局、司礼监、御用监、尚膳监、尚衣监等。庞杂重叠的机构不但造成极大的浪费，而且形成内宫专权。清代为革除明代内宫之弊，废除了内宫衙门，在西华门内设立内务府。内务府下设三院七司，大都分布在西华门外的南北长街上，如负责宫殿维修的营造司、掌管祭祀典礼的掌仪司、管理皇庄收入的会计司等都设在这条长街上。现在北长街南端路西有一条会计司胡同，即是当时会计司衙署所在地。

清初，在南长街南口路西有座气派的府邸称为南府。主人是被封为平西王的吴三桂之子吴应熊。他娶了皇太极的第十四女建平公主，住在府内。表面上风光无限备受恩宠，实际是作为人质，被拘押在京。吴三桂反叛后，吴应熊也即刻被杀。

康熙年间，这里成为清代掌管宫廷戏曲演出活动的机构，仍沿袭南府的称呼，隶属于内务府。艺人先是挑选容貌、嗓音较好的年轻太监经习艺后充任，后来也招收宫外的民间艺人进宫充任。乾隆时，南府规模扩大，人数达千人以上。宫中凡遇节日，如立春、上元、端阳、七夕、中秋、重阳、冬至、除夕，以及皇帝、皇后的生日、册封等，都要由南府戏班在宫中演戏庆贺。道光年间，认为这种娱乐机构称"府"未免过于郑重，取"歌舞升平"之意改称升平署，仍主持宫内演出事务，直至清亡。升平署珍藏的档案、剧本、戏服、道具等现保存在故宫博物院内，是研究中国戏曲发展的重要实物资料。

升平署旧址在现北京一六一中学（原北京二十八中和北京六中）校舍内，其中升平署戏楼仍保存较好。戏楼建于乾隆年间，是一座四合院，内有北向戏楼一座，戏台上有滑车等装置，可以上演神怪上天入地等神话戏。

庆寿寺

现在电报大楼以西是民航售票大楼、北京图书大厦等建筑。（图3-34）原来这里曾有一座宏大的寺庙，"壮丽甲于京都诸寺"的庆寿寺。该寺创建于金章宗年间。元世祖忽必烈建大都时，庆寿寺正在大都南城墙线上。元世祖诏令避让，城墙南移，把寺庙圈入城内。

元统治者对庆寿寺极为重视。庆寿寺主持海云法师受到朝廷礼遇，擢居天下禅林之首，掌全国释

图3-35　19世纪20年代左右的庆寿寺双塔（作者提供）

图3-34 北京图书大厦（作者提供）

教。海云去世后，他的得法大弟子可庵继续主持大庆寿寺。后来寺内为两人修建灵塔即著名的双塔。两塔都是八角密檐砖塔。但并不是一对，而是一座九层，一座七层，如师徒比肩而立。九层塔额题"天光普照佛日圆明海云佑圣国师之塔"。七层塔额题"佛日圆明大禅师可庵之灵塔"。因寺中的双塔，俗称双塔寺。（图3-35）

元代至元十二年（1275年）对该寺重修，费时七年。修后之寺"完整雄壮，又为京师之冠"，后赐给皇太子作功德院。

明初，14岁就出家为僧的姚广孝随燕王朱棣来到北平，任庆寿寺主持。姚广孝有远见卓识和不凡的才干，深得朱棣的赏识。在朱棣夺取皇位的争斗中他出谋划策，屡出奇招，功不可没。朱棣登上皇位后给姚广孝极高的礼遇，拜为资善大夫、太子少师，并赐以华丽的府第，命其蓄发还俗。但姚广孝皆不受，仍住在庆寿寺中，直至永乐十六年（1418年）病逝于庆寿寺中。朱棣悲痛不已，辍朝两日。明正统年间又对该寺重修。改名大兴隆寺或称慈恩寺，仍香火不断。

然而，天有不测风云。明嘉靖十四年（1535年）一场大火将重重殿

图3-36　复建的西单牌楼（灵极限提供）

堂化为灰烬，只留下孤零零两座砖塔。后来这里作过明朝的"射所"和"演象所"。

清乾隆年间，在双塔旁建了一所寺庙名双塔庆寿寺，但其规模远不能与原庆寿寺相比。

1954年在拓宽长安街时，双塔正当街心。当时梁思成建议仅拆除双塔周边的民房，保留双塔并辟一块街心绿地。既保护了双塔又可丰富街道景观，两全其美。但此建议终未被采纳，双塔被拆除。

北京图书大厦以西是西单文化广场。在广场上复建了原在西单街口的牌楼。（图3-36）

继往开来

北京长安街

4

承上启下

—— 长安街上的建筑风采

一座饭店走过百年

北京饭店老楼

南河沿南口至王府井南口，南临东长安街有一组不同年代落成的、风格各异而又相互协调的宏大建筑群，就是名扬中外的北京饭店。（图4-1）

1900年冬，在崇文门内路东苏州胡同，两个法国人开了一个只有三间门脸的小酒店，卖简单西餐、葡萄酒，起名"西宾馆"。第二年搬到马路西边一座中国旧式四合院中，正式挂上了"北京饭

图4-1 北京饭店全景（孙一泓摄）

图4-2　北京饭店老楼（作者提供）

店"的牌子。1903年一个叫卢苏的意大利人买下了北京饭店，之后将饭店迁到王府井南口路西。1907年卢苏把饭店卖给中法实业银行。实力雄厚的银行投资在当地建起了一座欧式楼房，使北京饭店在北京的旅馆业中脱颖而出。当时的媒体宣传其为"北京首屈一指的高级饭店"。

　　1917年是北京饭店发展史上的重要里程碑，一座钢筋混凝土的七层楼在原饭店西侧落成。这是当时北京层数最高的建筑，装修极为豪华，200间客房每一间都配有暖气、私人浴室、可冲式卫生间及电话，两部电梯可将客人送至7层的酒吧及屋顶花园。它被誉为"远东唯一豪华酒店"，成为来京贵宾下榻的首选。（图4-2）

　　北京饭店见证了许多重要的历史时刻，留下了许多中外名人的足迹。1925年1月1日至26日，孙中山先生下榻北京饭店5101房间，宋庆龄下榻1637房间。1924年至1925年，冯玉祥将军曾下榻3121房间。张学良将军曾下榻4121房间。在北京饭店居住过的还有一战时期的英法联军总司令福熙，英国大文豪萧伯纳，诺贝尔文学奖得主、印度大诗人泰戈尔等显赫的人物。1928年夏，蒋介石携新婚妻子宋美龄北上北平，拜孙中山灵柩，入住北京饭店。 1929年蒋介石又一次来到北平，并在北京饭店与张学良第一次会见。北京饭店现存名人房7套，仍保留着当年的布置，很受各界名流的青睐。2005年时任国民党主席的连战访问北京时，指定要住宋庆龄住过的1637号客房。

新中国成立为北京饭店翻开了崭新的一页。1949年10月1日晚，在北京饭店中餐厅举办了中华人民共和国成立后第一次盛大而隆重的国宴，中共中央领导人及各界人士600多人出席宴会。这次被称为"开国第一宴"的盛会成为北京饭店永远的骄傲。

北京饭店西楼

1954年，为满足日益增长的国际交往需要，在北京饭店老楼西侧建设北京饭店西楼，定位为接待外国贵宾和举行大型宴会的国家级宾馆，是新中国成立后长安街上第一幢新建大型公共建筑。西楼的设计者为我国建筑大师戴念慈。他曾任城乡建设部副部长、中国建筑学会理事长。他设计北京饭店西楼时年仅34岁，然而在设计中表现出的与原有建筑的协调、对城市历史及建筑环境文脉的尊重一直为后人所称道。他选择了北京饭店老楼中最具特色的元素，如圆拱大窗、凸窗、铁花栏杆阳台等，加以搭配重组，运用于新楼设计，同时将檐口、窗洞上下线等与老楼找齐，使新老建筑仿佛连为一体，外观协调。同时，他强调西楼的对称感和体量感。正中的大门廊高达三层，五开间，布满雕饰，顶层以圆

图4-3　北京饭店西楼（作者提供）

卷廊替代了旧楼顶部的圆券窗，强化了顶部的虚实对比，这些设计都使西楼显得更为突出与庄重，与旧楼又有所区别。西楼的西侧不远即为紫禁城，为与古老的建筑风格相呼应，设计师在屋顶采用小坡檐，两端处理成二重檐楼阁式，四角各建有一个重檐攒尖顶小亭子，体现了当时所要求的民族形式。（图4-3）

北京饭店东楼

　　1971年，中国在联合国恢复了合法席位，国内的外事活动，随着外交的拓展而趋于频繁。1973年，北京饭店的住房率几度超过100%，有的客房一天要接待两批客人。北京饭店扩建工程提上了日程。1974年，北

图4-4　北京饭店东楼（作者提供）

京饭店又一次扩建，建成更为现代化的东楼。（图4-4）

　　1990年，与香港企业家霍英东合资在西楼西侧建贵宾楼。原设计为北京饭店的贵宾客房，开业后改为独立的贵宾楼饭店。但内部与北京饭店还是连为一体的。它的装修布置更有中国色彩，客房内部配置有华贵的花梨木家具、中国字画与工艺品。所有西向的房间都可看到紫禁城，在蓝天白云的衬托下，一片片金黄色琉璃屋顶在阳光下熠熠生辉。（图4-5）

　　20世纪90年代末，北京饭店再次更新设备，进行扩建和装修，2001年荣升为五星级饭店。北京饭店始终以其厚重的历史感、独特的中国文化气质和华贵高雅的神韵令世界瞩目。改造后的北京饭店接待了一系列

图4-5 北京贵宾楼饭店（孙一泓摄）

重大国际会议和活动：第六届世界大城市首脑会议、亚太经合组织第一次高官会、中非合作论坛等。2008年北京奥运会期间，它成为国际奥委会总部饭店，为北京饭店的历史又留下了浓重的一笔。（图4-6）

北京饭店，走过百年，始终承载着时代赋予的使命，微笑着面对未来。

图4-6 北京饭店前厅（作者提供）

十大建筑各具风采

1959年，为迎接国庆十周年而兴建的十大建筑有：人民大会堂、中国革命博物馆与中国历史博物馆、北京火车站、民族文化宫、民族饭店、中国人民革命军事博物馆、钓鱼台国宾馆、全国农业展览馆、北京工人体育场、华侨大厦。其中，中国革命博物馆与中国历史博物馆属于同一建筑内，大厦分南北两大部分，南半部设中国历史博物馆，北半部为中国革命博物馆；1969年9月两馆合并后，改称中国革命历史博物馆，1983年又恢复独立建制，2003年合并重组为中国国家博物馆。

现在除华侨大厦拆除重建外，其他9座都在，其中5座在长安街上。在半个多世纪的峥嵘岁月里，这一座座建筑，其见证着新中国不断前进的厚重足迹。

北京火车站

20世纪50年代，随着北京与全国各地交通联系日益频繁，铁路客运量迅速增加，建成于1906年的前门火车站已不能满足需求。1958年在国务院讨论国庆十周年工程立项时，当时的铁道部长吕正操提议建设一座

图4-7　北京火车站全景（灵极限提供）

规模宏大的现代化北京火车站，得到各方面赞同并立项。

　　新的北京站选址在建国门内大街以南，西倚崇文门，北临建国门内大街，南界明城墙遗址。1959年1月20日动工，拆除了南城根、复兴里、梅竹胡同、二眼井、闹市口、沟沿等多条胡同，仅用了7个多月时间就建成车站、站前广场和北京站前街等，于同年9月10日完工，9月15日正式运营。其规模之大，质量之高，建设速度之快，设施之先进，堪称中国铁路建设史上的一个奇迹，被列为北京国庆献礼"十大建筑"之一，而且是十大建筑中唯一的城市基础设施建筑，也是十大建筑中探索民族风格与现代技术相结合的唯一一例。开站前夕，毛泽东、刘少奇、朱德、周恩来等党和国家领导人都到北京站视察，毛泽东亲笔题写"北京站"

三个大字。根据周恩来的指示，将题字制成金色大字立于车站正立面中央上方，保留至今。

　　建成的北京站坐南朝北，东西宽218米，南北最大进深124米，平面采用"中"字形对称庭院式布局，自然采光通风，使用功能集中。中央大厅两侧建有高达43.37米的钟楼，上建四角攒尖的重檐亭子，成为整个建筑的制高点和视觉重点，突显建筑的民族风格和宏伟壮观。在色彩上外墙用浅米色面砖、檐部用金色琉璃瓦，使整个建筑轻快明丽，不因体量庞大而显得凝重。车站的中央大厅和二楼的高架候车厅采用了当时最先进的预应力钢筋混凝土双曲扁壳结构，这种结构是国内首次应用，非常适合车站大空间的功能要求，完美实现了现代技术与民族形式的结合。（图4-7）

105

图4-8　北京火车站夜景（孙一泓摄）

　　北京站建成后成为我国重要交通枢纽，把我国辽阔的疆域与首都紧密相连。北京站发出的列车可直达莫斯科、平壤、乌兰巴托等邻国首都。北京站不仅成为首都迎宾之门，还成为中华人民共和国的国门。北京站建成使用已近60年，经过多次改建和技术改造，实现了"风格依旧、面貌一新、功能齐全、科技领先"的构想，仍然在为首都的铁路运输和建设发展服务。（图4-8）

民族文化宫

　　过西单不远，西长安街路北矗立着一座楼体洁白、楼身高耸、充满

106

民族风格而又造型独特的建筑，这就是民族文化宫。（图4-9）

民族文化宫建筑面积32000平方米，主楼13层，高67米，两侧有东西翼楼，中央展览大厅向北伸展，飞檐宝顶冠以孔雀蓝琉璃瓦，整个建筑造型别致、富丽、宏伟、壮观，具有独特的民族风格。

民族文化宫由我国著名建筑大师张镈主持设计。他还是北京友谊宾馆、人民大会堂等重要建筑的主要设计者。建筑在色彩运用上非常大胆，通体洁白，屋顶是艳丽的孔雀蓝色。白与蓝是我国传统建筑上极少

图4-9　民族文化宫（作者提供）

用到的色彩，但却是我国一些少数民族喜欢用的色彩。民族文化宫建成后，深得全国各少数民族的欢迎，也受到了建筑专业人士的好评，在国内外享有很高的声誉。

1994年，民族文化宫被北京市民选为50座"我最喜爱的民族风格建筑"之首；作为新中国的著名建筑被载入英国出版的《世界建筑史》；1999年国际建筑师协会第二十届大会上，民族文化宫被推选为20世纪中国建筑艺术精品之一。

民族文化宫内设有展览馆、博物馆、民族图书馆、民族画院、剧场、餐厅，珍藏着大量的各少数民族极为宝贵的文物、图书、文献等。

民族文化宫的宗旨是为民族工作服务，为民族文化事业服务，为民族团结进步服务。民族文化宫建成多年来，收藏有珍贵少数民族文物5万余件，有24种少数民族文字文献及汉文书籍60余万册；举办了各类展览和民族工作成就展1300多个，是中外人士了解中国少数民族文化的重要窗口。

民族饭店

民族文化宫的西边是民族饭店。这是一座橙黄色现代风格的建筑。

(图4-10)

新中国成立后，北京作为首都，每到重大的节日、召开重要的全国会议，全国的人民代表都要来到首都。随着新中国的逐渐发展，与我国建交的国家越来越多，外宾也日益增多，北京迫切需要大型的饭店。在十大建筑中，民族饭店工程开工较晚，在其他重大工程都已完成主体结构进行装修时，民族饭店才刚刚做完基础工程，因此工期十分紧迫。但是，民族饭店工程不但按时完工，其工程还创造出新中国建筑史上的诸多第一：第一次采用高达12层的装配式框架建筑；从开始吊装到工程结

图4-10　民族饭店（作者提供）

束仅用了120个工作日，创造了当时高大民用建筑工程快速施工的第一例；也是当时我国采用工业化施工方法建成的最高建筑。1959年9月，民族饭店提前竣工并交付使用。

　　几十年来民族饭店不仅接待了大量进京的少数民族代表，也接待了大量各国宾客。先后接待过来自美国、日本、法国等近40个国家的高级访华团，有30多位国家元首在这里下榻。它作为国际化的商务酒店，发挥了非常大的作用。

中国人民革命军事博物馆

中国人民革命军事博物馆位于北京天安门西面的长安街延长线上，

图4-11　中国人民革命军事博物馆（作者提供）

筹建于1958年。1959年3月12日，经中共中央军事委员会批准，正式定名为中国人民革命军事博物馆，同年10月1日开始内部预展，1960年"八一"建军节正式对外开放。

军事博物馆是中国唯一的大型综合性军事历史博物馆，建筑面积15.9万多平方米，陈列面积6万平方米。主楼高94.7米，中央7层，两侧4层。有着明显的苏式风格，中央高耸，左右对称，庄严而肃穆。（图4-11）

军事博物馆大门两侧竖立着陆海空三军战士和男女民兵两组汉白玉石雕。大楼顶端的圆塔，托举着中国人民解放军"八一"军徽，军徽直径达6米，采用鎏金工艺制成，凌空高耸，金光闪闪。军事博物馆铜门是用福建前线参战部队送来的炮弹壳熔铸而成的，上方悬挂着毛泽东主席亲笔题写的"中国人民革命军事博物馆"金字铜底巨匾。全馆有43个陈列厅，就其规模而言，为国内外少有。

电报大楼（图4-12）

中南海以西是府右街，乾隆年间，在府右街（当时称灰厂街）南口以西有一大片王府，即仪亲王府。仪亲王永璇，乾隆第八子，乾隆四十四年（1779年）封为仪郡王在此建府，嘉庆四年（1799年）晋仪亲王。清末在该府址上建邮传部、财政部，仪亲王后人毓祺迁居至西直门内大街路北。

图4-12 电报大楼（作者提供）

自清末王府成为邮传部后，这里就与中国邮电通讯事业的发展密不可分。1958年在王府西部建成北京电报大楼。它是中国第一幢自行设计和施工的中央通讯枢纽工程，也是当时中国的国际通讯枢纽。电报大楼并不是十大建筑之一，但它与十大建筑建于同一时期，还是新中国成立后在长安街上建的第一座大型城市基础设施建筑。

电报大楼由我国老一代建筑师林乐义等设计。林乐义曾在美国佐治亚州理工大学建筑学院深造并兼任讲师，极为熟悉当时的现代建筑风格。他在设计电报大楼时，没有强调民族形式，没有大屋顶，没有烦琐的装饰。他强调建筑的整体比例与立面的简洁。建筑的主体与其上耸起的钟塔比例十分和谐，窗户的尺寸与总墙面的比例也很得体，使人感到整座建筑平稳而挺拔。大楼中部用混凝土隔片增加阴影，与其他墙面形成虚实对比。大楼的基本色调是偏橘红的米黄色，与中南海的红墙黄瓦十分匹配。电报大楼建成几十年了，但是与当代许多新潮的、豪华的建筑相比仍毫不逊色，甚至在建筑的整体美感上更胜一筹。

面向世界新意无穷

中国国际贸易中心

改革开放后，中国打开大门迎接世界各地的投资和各种新型的商业模式，全国上下气象一新。北京作为首都，一时外商云集，外贸进出口额快速增长。为适应对外贸易发展，中国国际贸易中心简称国贸中心应运而生。

国贸中心位于东长安街延长线大北窑立交桥的西北侧，是经国务院批准成立的大型中外合资企业，于1985年2月注册成立。1985年9月1日，中国国际贸易中心奠基并动工，五年后第一期建成使用，开启北京现代化写字楼的先河，成为北京显著的地标之一。

这个坐拥长安街、高标准规制、自成商圈的综合体，一跃成为北京独特的风景线，并以其为核心，奠定了北京CBD的基础。

20多年以来，一座座各类型高档物业以国贸为轴心拔地而起，1996年12月，国贸中心二期工程破土动工，1999年12月竣工，正式营业；2002年三期工程启动，2010年三期A段工程竣工，其中330米的国贸大厦成为当时北京市最高建筑。对普通人来说，国贸中心的国际中高档品

113

图4-13　国贸大厦三期（孙一泓摄）

牌、众多世界500强企业、白领精英的生活也许更具吸引力。（图4-13）

东方广场

1992年，改革开放的步伐大大加快。许多商家看中了长安街的重要位置，要在长安街投资兴建商业设施。1993年，由李嘉诚投资、体量巨大、玻璃幕墙的东方广场决定在王府井与东单之间兴建。

东方广场原设计楼高80多米，长488米，是一幢整体建筑，像一个大屏风一样立在东长安街上。1994年，赵冬日等学者联名提出东方广场若按此方案实施，将改变旧城平缓开阔的城市空间，许多规划界人士无法认同这个方案。东方广场在开工后又停工，重新论证与设计。一栋建筑变成了三组，高度从西向东，分别降为50米、60米和70米。后来经过梁思成儿子梁从诫的推动，东方广场再一次妥协，高度各降2米，成为48米、58米、68米。

建成后的东方广场占地10万平方米，总建筑面积达80万平方米，是亚洲最大的商业建筑群之一。它集豪华公寓、甲级写字楼、五星级宾馆于一身，而四层的地下室是一整体建筑，为地下购物广场。东方广场结合传统四合院的概念和现代建筑构思，雄丽典雅。（图4-14）

在东方广场建设过程中，还有一个意外的收获。1996年在施工现场发现古人类活动遗址。为此东方广场停工数月。由中科院古脊椎动物与古人类研究所进行了抢救性发掘。

1996年12月在王府井南口东方广场工地，发现了黑色碳迹和一些碎骨化石，随即又发现了石核、石片、刮削器、加工石器后的碎屑及烧骨等，经考古研究确定为2.4至2.5万年前的旧石器时期人类活动场所。这

图4-14　东方广场（作者提供）

一遗迹面积约2000平方米，距地表12米。可以判定，生活在这里的先人们，已从洞穴走到了平原，他们会用火，吃熟食，会制造工具。

现在东方广场地下发掘现场已建成"王府井古人类文化遗址博物馆"。博物馆于2001年12月正式开馆。馆内陈列最重要的展品是一块约50平方米的2.5万年前的遗址地块，其中蕴藏着古人类的用火遗迹和烧石、烧骨、石制品及动物化石。同时展陈的还有在原址发掘出土的石砧、石锤、石核、石片等物件，原始牛、斑鹿、鸵鸟、鱼类等古生物的骨骼及2万余年前古人类制成的骨铲和骨片。展厅中的人造沙盘、挂画及雕塑展示2.5万年前旧石器时代晚期的古人类在今天的北京王府井地区狩猎、做饭、休息、制造工具的生活场景。

原来，在两万多年前，繁华的王府井已是北京古人类的生活、繁衍之地。

国家大剧院

在中山公园对面，西长安街路南，人民大会堂西侧，一片人工湖之中有一座钢结构壳体呈半椭圆形的巨大建筑，就是国家大剧院。（图4-15）

国家大剧院建设酝酿时间长达40多年。早在20世纪50年代，在长安街的规划中就列入了国家大剧院，但后来因种

图4-15 国家大剧院（作者提供）

种原因未能实施。直到1998年4月国务院正式批准大剧院工程立项。同时
开始设计方案竞标。36家中外设计单位，提出44个方案，经过两轮竞赛
和三次修改，经过专家反复论证筛选，并广泛征求意见，最后选定了法
国著名建筑师保罗·安德鲁主持设计的方案。

　　安德鲁担任巴黎机场公司总设计师，设计了多家机场，如法国戴高

乐机场、开罗机场、雅加达机场、文莱机场及我国上海的浦东机场等，他还设计过巴黎德方斯大拱门、上海东方艺术中心等，曾获得法国建筑大奖。对安德鲁的资格无人有异议，然而他设计的方案一经公布，立即引起轩然大波。业委会最初对设计的要求是"三看"：一看就是个剧院，而不是别的；一看就是中国的大剧院，而不是外国的；一看就是天安门旁的剧院，而不是在别处。这个要求很明确，就是要建一个具有中国风格的、与天安门广场上其他建筑相协调的具有中国特色的剧场。但安德鲁的方案却是一个以玻璃与钛钢建成的半透明椭圆半球，完全没有中国特色，是一个超现代、后现代的建筑，似乎与天安门广场两边的苏式古典主义建筑群格格不入，因此全国哗然。当然，也有人认为这个建在水中的形如鸡蛋的球体用一种超越时代的未来感刺激了天安门广场的建筑风格和环境。至于中国特色，有些专家认为特色不是一成不变的，而是不断变化、发展、更新的，旧的也在不断扬弃中。国家大剧院建成了，可能成为一个新的中国符号。至于与天安门广场上其他建筑的协调，他们认为协调是相对的。例如，斗拱飞檐的天安门与罗马柱式的大会堂实际上也不协调，而时间会消磨不和谐。在建筑史上，卢浮宫玻璃金字塔，埃菲尔铁塔，悉尼歌剧院，新风格的建筑饱受质疑的例子举不胜举。所以大剧院也要接受国人检验，让人们有一个接受的过程，一个审美心理调整的过程。

经过近7年建设，2007年9月国家大剧院竣工。大剧院在建设中克服了无数技术难题，也创造了北京乃至全国、全世界建筑史上的多项第一。世界最大穹顶。整个壳体机构重达6475吨，东西向长轴跨度达212.2米，是世界上最大、最重的穹顶。壳体表面由18000多块钛金属板和1200余块超白透明玻璃共同组成，两种材质巧妙拼接呈现出唯美的曲线，营造出帷幕徐徐拉开的视觉效果。大剧院也是北京最深的建筑。地下最深为32.5米，相当于向地下挖了10层楼的深度。而北京地下水层为18米。其排水、防水工程的难度可想而知。

大剧院内包括歌剧院、音乐厅、戏剧厅和小剧场等风格各异、用途各异的剧场。还有现代艺术馆、艺术资料中心、艺术环廊、艺术沙龙、戏剧商店、餐厅、咖啡厅等附属设施。适应各种艺术形式的演出及艺术普及活动，成为中国最高等级的艺术殿堂和中外艺术交流的最好平台。（图4-16）

图4-16　国家大剧院歌剧厅（孙一泓摄）

中国银行大厦

在西单十字路口西北有一座气势不凡的建筑，它就是由全球首届一指的华人建筑师贝聿铭及其儿子贝建中、贝礼中所设计的北京中国银行大厦。1989年贝聿铭设计了香港中银大厦，像一把亮闪闪的宝剑直插云霄，成为维多利亚港最耀眼夺目的地标。接手北京中行大厦后，他的设计受到了北京建筑高度控制的局限，而无法肆意挑战天际线。贝聿铭说，在北京的心脏地带建造这样一座如此宏大的建筑，避免笨拙与单调的唯一方法，就是要让这座建筑的中心拥有一座大空间的花园。这个花园，正是中行大厦的大堂——四季大厅。大厅西、北两侧各种植有一片青翠欲滴的竹子，竹子象征节节高升，平安富贵，两大片竹子正寓意着中行的财源稳聚。整座大厦由两个 L 型的巨型独立单体建筑相连而成。大厦上方利用三维框架结构受力大的特点，由16个金字塔结构组成巨大的玻璃穹顶，使大厦在拥有独立封闭空间的同时，又拥有了一个空间通透的大堂。古香古韵的中式园林设计与西式现代建筑风格相互交汇，中西方文化理念融为一体。

中国人民银行总行

中国人民银行总行原址是三里河的一座中国传统建筑风格的五层青砖楼，而且与财政部合用。20世纪80年代初经济不断进步，国民生产总值节节攀升，总行的办公场所显得无比局促。1986年，新大楼选址、拆迁、设计并开始施工。原央行副行长马德伦亲自撰稿描述这栋大楼："中央银行这座大楼，上窄下宽的建筑，勾连着圆心，从天空鸟瞰，就是一块硕大的元宝。体现了稳健和资金的聚拢；半圆形的体态，仿佛张开的双臂，体现了中央银行的开放和包容。（图4-17）

央行的建成，不仅成为长安街的标志性建筑，也开创了金融商圈的模式。1992年北京市政府启动了金融街的发展战略并在1996年完成规划，短短几年就在央行总部两边建起了鳞次栉比的高楼大厦。差不多全国最主要的金融机构的总部都建在这里。如今，沿着长安街看金融街，展现了改革开放四十年中国经济发展日新月异的历程。例如总行东边紧

图4-17　中国人民银行总行（孙一泓摄）

邻的是12层的长话大楼，这幢楼曾是长安街的一处让无数人心驰神往的大楼。因为直到20世纪90年代前期，北京市区装一部座机要5000元，还要等几个月。如今，这座大楼往北不到几百米的地方，中国移动、中国联通的大厦让长话大楼显得无比娇小。长话大楼的一层，现在是中国联通的一个营业室。移动手机的崛起和普及不可避免地给固定有线电话带来了巨大的冲击。

首都博物馆

1953年，北京市副市长吴晗和郑振铎访问苏联期间参观了莫斯科历

121

图4-18　首都博物馆（孙一泓摄）

史与建设博物馆，回国后两人便提议建设首都博物馆，得到多方响应。1979年首博成立并进驻孔庙，主要展览北京历史以及北京民俗。然而文物众多，场地有限，甚至冬天因无暖气而被迫闭馆，种种困难并没有动摇首博人的决心，一直不间断为首博新馆积极奔走。

　　1999年北京市政府批准立项，2001年获国务院批准。刚动工没多久，2003年因一场"非典"，工程几近停滞，直到2005年底才建成试运行，2006年5月28日正式营业。（图4-18）

　　首都博物馆由中国建筑师崔恺设计，处处彰显北京元素，例如采用传统建筑挑檐的大屋顶，石质的外墙好似古城墙，北广场类似传统高台，大厅内有明代的景德街牌楼，这是历代帝王庙门外的古牌楼，20世纪50年代拆除后一直收藏在文物研究所内，现在成为首都博物馆内最大

图4-19　首都博物馆"景德街"牌楼（孙一泓摄）

的一件藏品。（图4-19）

　　北广场和礼仪大厅的地面使用的石材来自房山区，方形展馆的外部装饰也使用北京常用的榆木，椭圆形的青铜展馆斜出墙面寓意古代文物破土而出，青铜上的纹饰也是仿制北京出土的西周青铜器纹样……种种设计心思细密，无一不散发着浓厚的北京气质。

　　首都博物馆的馆藏不乏精品，其中千年宝藏展、古代瓷器展、燕地青铜展，浓缩了北京两千年文明史中的累累硕果。

中华世纪坛

　　千禧年前，为了迎接新世纪和新千年，在西长安街延长线上，专门建造了中华世纪坛。（图4-20）

　　这座建筑里外充满各种传统文化符号和国家象征寓意。圣火广场用

图4-20 中华世纪坛（作者提供）

960块花岗岩铺设而成，象征960万平方千米的国土；广场北端的圆盘上是中国地图；广场南端地面上镶嵌着美妙灯饰，暗示了祖国周围的海域；东西两侧沿着台阶流动的流水象征长江、黄河；青铜甬道，采自周

口店北京猿人遗址的圣火……种种设计的背后都有深刻的寓意。 117米长中国最大的浮雕"中华千秋颂"分四个部分记录了从先秦到近代五千年历史中所凸显出的中华民族特征：理性，包容，公忠，独立。在饱含深意的设计中，人们会由衷地为身为一个中国人而感到骄傲。

继往开来

北京长安街

5

继往开来

——长安街功能规划的变迁

国家心脏，康庄大道

新中国成立后，北京成为全国的政治文化中心。长安街的地位变得特殊起来，由此也逐渐拉开了长安街大规模改造和建设的序幕。

新中国诞生后，大约每隔十年，长安街都会有不同侧重点的功能改造，而改造长安街首先就从改造天安门开始。

1949年10月1日，北京天安门广场举行了隆重的开国大典。（图5-1）在开国大典游行的纪录片中，人们还能看到长安街上的长安左门和长安右门。当时的游行队伍都要绕过这两个门，北京市政府也感到这两座门对来往车辆和行人确有不便，拆除长安左门与长安右门的计划被提出。1952年8月拆除长安左

图5-1　1949年10月1日，天安门广场（灵极限提供）

门、长安右门。

1954年国庆前夕，东西长安街上的两座牌楼拆除。1955年，拆除了广场上东西两道宫墙。

1958年，为迎接国庆十周年，对天安门广场进行了大规模的扩建和改造。拆除了天安门广场南面的中华门，广场中央的人民英雄纪念碑落成，广场东边建中国革命博物馆与中国历史博物馆，广场西边修建人民

　图5-2　位于东长安街的原国家轻工业部办公大楼（灵极限提供）

大会堂。经过改建的天安门广场成为世界上最大的城市中心广场，同时也奠定了广场作为政治中心的基调。

新中国成立之初中央机关需要建设办公用房，而长安街路南地区原为各国练兵场，崇文门内大街西侧为民国时期的飞机场，是城区内不可多得的空地，于是在城市改造方案还未完全落地之前，1951年相继建成了公安、纺织、燃料、轻工和外贸等各部办公楼。（图5-2）（图5-3）

图5-3　位于东长安街12号的原纺织工业部办公楼（作者提供）

　　1953年，北京市委成立了一个规划小组，聘请苏联专家指导。6月下旬，又指定了几位老干部，抽调少数党员青年技术干部，研究这个问题。不久后，北京市委第一次向中央上报了统一的城市规划意见——《改建与扩建北京规划草案要点》。草案提出行政中心设在旧城中心区，作为中央首脑机关所在地，长安街的布局依然不很清晰。

　　1957年3月，市委常委会通过《北京城市建设总体规划初步方案》，1958年补充修改上报中央。在这份方案中，新的北京城被定性为不仅是全国政治中心和文化教育中心，而且还要建设成为现代化工业基地和科学技术中心，长安街的蓝图基本绘定，中央其他部门和有全国意义的重大建筑，将沿长安街等重要干道布置。

在新中国成立初期，长安街的长度只有3.8千米，从东单到西单。东单往东到建国门，西单往西到复兴门都没有路，要走，只有穿胡同，而胡同只有6米左右的宽度。

这样的格局在1958年被彻底改变。国庆十周年前夕，西单到复兴门的邱祖胡同等，东单到建国门的裱褙胡同等，全被拆除，修起了35米宽的沥青路，复兴门到建国门全线贯通，长安街变成了6.7千米。道路彻底打通，为两侧的建设打下了基础。可以说，新中国十周年大庆为长安街的建设创造了一个很好的条件，如果只有3.8千米，长安街根本没法进行大规模建设。（新华社《瞭望东方周刊》2009年4月）

北京大院，独树一帜

北京成为新中国的首都后，新中国的中央直属机关、政府各部委、军队各部委、各军兵种机关、各类文化事业单位纷纷迁入北京。他们不仅需要办公处所，更需要大量的居住用房和各类后勤服务用房。北京旧城区闲置的房子不多，一时无法容纳大量进京的机关办公人员及其家属和全国各地汇集而来的各类人才。因而除在城区，比如东长安街以南建了几处部委办公楼外，同时在近郊区创建了一种新的建筑形式，即将办公、住宿、后勤服务、文化娱乐等集于一体的建筑，俗称大院。

国家机关、文教单位的大院比较分散，原旧城区内有，西郊、西北郊也有。有的是新建，有的是利用原有的建筑。比如文化部大院就在东四头条内，这里曾是专为外国传教士和学习汉语的外国人开设的华北协和华语学校旧址。新中国成立后成为中央人民政府文化部所在地，文化部宿舍也在这个院中。这个院中住过沈雁冰、周扬、夏衍、林默涵等许多文化部领导和文化名人。

新中国成立不久，以三里河为中心兴建了各大部委的办公楼，随后各部委大院也在附近相继建成。比如，国家计划委员会大院建成于1953

年，从这个大院中走出了多位国务院领导，及全国顶级经济学家。

　　军队大院比较集中，几乎都在公主坟以西，西长安街延长线复兴路南北两侧。军队大院当时因为离市内较远，位置较为偏僻，因而占地更大，配套设施也更完善。一个大院往往占地数百亩，如一个小城镇，每个大院都如一个五脏俱全、功能齐备的小社会。除办公楼和宿舍楼外，各项附属设施，如幼儿园、子弟学校、食堂、卫生所、运动场、礼堂、商店等应有尽有。人们一般生活需求不出大院就能解决，形成了一种相对封闭的生活形态。

　　海军大院于20世纪50年代中期建于公主坟十字路口西南侧。当时正在提倡建筑体现民族特色，海军大院办公楼建得飞檐翘角，颇有几分古典意味，而后面的灰色宿舍楼却是苏式风格。大院中服务社、俱乐部、门诊部、食堂、浴室、理发室等一应俱全。后来建成的大操场和游泳池更是孩子们的最爱。海军政治部文工团在大院西南角。也是孩子们喜欢光顾的地方，可以近距离地欣赏演员曼妙的舞姿和激情的歌声。

　　总后勤部大院在海军大院以西，除了像其他大院一样后勤服务设施齐全外，还创造了多项大院的第一。1968年总后大院第一个在全国建起了室外的巨大毛泽东汉白玉雕像，雕像总高9.86米，此后引发了全国建造毛主席雕像的热潮。总后大院中建有大院中第一个，也是全北京市第二个标准草坪足球场。总后大礼堂也是各军队大院中规模最大、质量最好的。多年来，许多全军的重要会议、全军文艺会演都在总后礼堂举行。这个礼堂在2011年被拆除。

　　在复兴路两侧还有装甲兵大院、炮兵司令部大院、通信兵大院、工兵大院、军博大院、301大院、政治学院大院等。（图5-4）

　　北京各个大院，特别是军队大院不仅创建了一种新的办公居住形式，也形成了一种有别于北京传统文化的新文化——北京大院文化。

图5-4　北京某部队大院（作者提供）

这些住在大院中的首都新市民来自五湖四海，操着各种方言，有着不同的生活习惯，随着第二代大院人的出生和成长，一种新的文化逐渐形成。父辈的革命精神和英雄气概在后辈身上得到延续，新中国的阳光雨露培育着他们茁壮成长。他们身上常常表现出强烈的正义感和责任感交融的气质。在那物质和精神产品都十分匮乏的时代，大院集中了相对优势的社会及文化资源，使大院子弟显得更加眼界开阔，见多识广，风趣幽默。大院文化在大院子弟身上留下了深深的历史烙印，行为举止都与在老北京胡同中长大的北京人有很大的不同。

从某种意义上说，大院的文化丰富了老北京的市井民俗文化和皇城文化，多种文化在交互影响中构成了当代北京"首都文化"的基础。

日新月异，集众所长

　　长安街真正彻底改头换面是在1958年筹备国庆10周年之际。1958年8月，党中央在北戴河召开政治局扩大会议，会议决定，为了迎接国庆10周年扩建天安门广场，建设人民大会堂、中国历史博物馆和中国革命博物馆等十大建筑。1958年9月，《北京城市建设总体规划初步方案》经过重大修改，提出："天安门广场是首都中心广场，将改建扩大为44公顷，两侧修建全国人民代表大会的大厦和革命历史博物馆。中南海及其附近地区，作为中央首脑机关所在地。中央其他部门和有全国意义的重大建筑如博物馆、国家大剧院等，将沿长安街等重要街道布置。"

　　天安门广场开启了史诗般的改造工程。每一个工程都在挑战时间的神经线，经过数十万建设大军夜以继日的艰苦努力，终于在国庆10周年前夕，一组雄伟壮丽的建筑胜利完工。天安门广场的规模和气势，超出了当时人们的想象。与此同时，长安街两侧建成了人民大会堂、中国革命博物馆、中国历史博物馆、中国人民革命军事博物馆、民族文化宫等一批极具政治意味的建筑。（图5-5）自此，与之前建设的各个部委大楼一道，长安街成为一条以政治形象而闻名于世的著名街道。

图5-5　人民大会堂（作者提供）

　　此时由于中国建筑风格深受苏联"反映社会主义思想并具有民族主义形式"的影响，并结合斯大林时期的新古典主义风格，十大建筑以及其周边一系列部委办公大楼的风格都表现了当时流行的"现代主义"——苏联的"民族形式，社会主义内容"的方针。这些建筑都有严谨的对称结构，掺杂了各种硬朗的革命符号。军事博物馆就是"五段式"建筑，外部轮廓呈金字塔状，中间高两边低。而中央广播大楼（国家广播电视总局）、北京长途电话大楼等是"三段式"建筑，依然是中间高两边低，这些建筑都是典型的苏式风格。但同时，在梁思成等民族

建筑师的大声疾呼下，一些建筑也融入了民族形式。例如民族文化宫采用了一些中国传统建筑元素。塔楼的顶部有中式亭子，重檐攒尖的屋顶，铺有蓝绿色的琉璃瓦。四角上还有四个小亭子，顶层设计中还有"廊"的结构，并用浮雕来模仿中国古代建筑。此外，北京饭店的西楼屋顶，三里河"三部一会"办公楼屋顶等都是明显用混凝土仿制传统屋檐的设计。（图5-6）

长安街上的建筑记录了当时时代的思想以及政治方向。

天安门广场中心的人民英雄纪念碑于1958年5月1日正式落成。中国

图5-6 国家广播电视总局大厦（作者提供）

传统建筑朝向为坐北朝南，但考虑到人们主要从天安门前、东西长安街进广场，集会的人群主要在广场北部，故将纪念碑的正面朝向北面。纪念碑的另一面刻有毛主席撰文、周恩来题写的碑文。在设计期间，梁思成和林徽因夫妇在这座纪念碑中投入了大量的精力，甚至林徽因在病重期间都不忘过问细节。纪念碑竖立在双层须弥座形式的台基上，方形截面的巨大碑体也超越了传统"碑"的定义，碑顶上是庑殿顶，体现的是

民族传统建筑形式。这样中西合璧的设计包含了梁思成等一代大师们的良苦用心。（图5-7）（图5-8）

纪念碑所用的石材花岗岩是由几百名工人辛劳几个月才从山东浮山开采并运到北京。这么一块"纪念死者，鼓舞生者"的石碑，既是英雄们鲜血的化身，也是活下来的人们最热烈的希望，屹立在旧社会高耸的皇城正门前，将遥远的历史与新时代相连接，是近代以来中国人民和中华民族争取民族独立解放、人民自由幸福和国家繁荣富强精神的象征。

长安街经过长达十年的大规模改造扩建，到1959年10月建国十周年

图5-7　人民英雄纪念碑南面（作者提供）

图5-8　人民英雄纪念碑北面（作者提供）

前，从南池子至南长街路面拓宽达80米，其他路面也宽达35米左右。从复兴门至建国门全线贯通长达6.7千米，这就是人们常说的十里长街，实际长达13.4里。但在名称上分四段：复兴门内大街、西长安街、东长安街、建国门内大街。

长安街很长一段时间都是连接北京东郊、西郊各个工业厂区唯一一条通衢，几十年车水马龙，长安街每日承担着庞大的交通量。1982年，北京市最终确立了长安街东西轴线的地位。自此东西、南北两条轴线在天安门相交。

图5-9　走在金水桥上的国旗护卫队（灵极限提供）

　　1965年7月1日，北京地铁1号线正式开工，1969年10月1日，北京地铁1号线建成通车，但是地铁通车后很长时间不对公众开放，需凭介绍信参观乘坐。直到1981年9月15日，北京地铁才正式对外运营。

　　长安街，由于它的特殊地位，每一个有关它的消息都会牵动着北京乃至全国人民的神经。1982年12月28日，武警部队"国旗班"成立。威武雄健的国旗班迈着整齐庄严的步伐，手托国旗从天安门门洞出发，越过金水桥，越过长安街，来到天安门广场。在国歌声中，国旗与太阳一同升起。于是日出观升旗成为今日长安街上一道靓丽的风景。（图5-9）

自20世纪90年代起，国家博物馆前成为固定竖立各种"倒计时牌"的所在：1994年12月19日，"中国政府对香港恢复行使主权倒计时牌"揭幕；1998年5月5日，"中国政府对澳门恢复行使主权倒计时牌"揭幕；2004年9月21日，"北京2008年奥运会倒计时牌"揭幕。长安街见证并记录着每一次重要时刻，随着时代的进步，长安街自身的定位也在悄然变化着。（图5-10）

图5-10 中国国家博物馆前的"北京2008年奥运会倒计时牌"（灵极限提供）

改革开放，人民之路

中国的改革开放，悄然从长安街开始。长安街上"一礼堂、一城楼、一商店"的先后开放，无疑是这个国家改革开放最有力的诠释。

1979年，人民大会堂对外开放。

1988年，天安门城楼正式对社会开放。

1991年，长期只许外国人和极少数中国人进入的友谊商店对广大中国人民开放。（图5-11）

随着人民的富裕，慕名前往长安街的游览者迅猛增加，参观人民大会堂的人络绎不绝。

1992年，中国改革的第二次热潮袭来。此后的20世纪90年代，长安街建国门至复兴门，除了中间的天安门广场周边地区之外，地标性的建筑物上被林立的广告牌占据。

长安街上杂乱无章的广告牌，给庄严的长安街抹上了浓郁的商业气息，引发了群众极大的不满，因此在1999年，进行了一番艰苦的户外广告和牌匾的整治规范。整治中，底层商店可以保留广告牌，如果一栋楼是商业大楼，那么它的广告牌高度不能超过2米，其他不符合规定的全部

143

图5-11　北京友谊商店（孙一泓摄）

拆掉。前后一共拆除了三千多块广告牌。

1985年，随着改革开放，长安街规划被重新提上日程。随着市场经济的渗入，长安街上的建筑也在慢慢变化，据城建资料统计，长安街上20世纪90年代新建的21座建筑中，属于商业金融和写字楼类的就有14座，占总数的67%；而在20世纪50年代，这一比例则为17%。

20世纪90年代以来，随着改革开放速度加快，招商引资速度加快，商业与金融机构越来越多地出现在长安街上。长安街上的建筑越来越多元化。它既有中南海、人民大会堂、军委大楼这样的中国最高等级的政治建筑，又有国家博物馆、国家大剧院等国家最高等级的文化建筑，还有中国人民银行总行、中国银行总行等金融建筑，东方广场、国贸大厦等商业建筑，北京饭店、国际饭店等宾馆饭店，国际大厦、双子座大厦等写字楼……长安街全面地反映了中国日益繁荣富强、日益现代化的面貌。（图5-12）（图5-13）

1980年之前，长安街沿线除了几幢醒目的地标式建筑外，并无多少高楼大厦。改革开放后，东长安街开始向世界展示友好的姿态。一些由国外设计师设计的建筑在1980年后进驻长安街，使得原本秩序井然、庄严肃穆的长安街的建筑风格开始变得轻松起来。

1985年，马来西亚"糖王"郭鹤年投资在东长安街兴建了中国国际贸易中心，成为当年最引人瞩目的引进外资项目，长安街由此进入一个新的规划建设期。

图5-12　北京国际饭店（孙一泓摄）

图5-13 国际大厦（作者提供）

图5-14 长安俱乐部（作者提供）

　　1990年，香港商人霍英东在北京饭店西侧，投资修建贵宾楼。除了霍英东，香港另一房地产商恒基集团在北京国际饭店东南建了恒基中心。

　　在北京饭店正南的位置，香港商人陈丽华于1996年投资创办了长安俱乐部。这个会员人数控制在千人以内的俱乐部，成员主要为国内外知名企业家和各界精英。李嘉诚、霍英东、杨元庆都是这里的会员。然而，长安俱乐部的意义不在于吸纳了多少先富起来的人群，而在于从一个侧面体现了国人对私人财产和私人生活的包容和尊重。（图5-14）

　　1993年，香港首富李嘉诚在北京饭店东面、王府井大街与长安街交汇处的黄金地段，投资修建超大面积建筑群"东方广场"，在1999年落成。（图5-15）

147

图5-15　东方广场建筑群（灵极限提供）

　　1999年，在西长安街的延长线上还落成了中华世纪坛。在世纪之交的关键时刻，东方广场与中华世纪坛两座建筑的出现使得长安街的定位更加丰富。

　　在市场经济为主导的国家政策中，国家鼓励资本进入长安街，甚至让政府机关为其腾地，这是一次明确的信号——中国将更加开放与包容。

　　世纪坛的设计充满了强烈的中华民族的精神符号，民众对新世纪有一种强烈的期许，世纪坛成了人们对国家许下美好祝愿的福地。

　　2006年，北京市2008环境建设指挥部再次征集北京重点大街重点地区的环境建设方案。这次规划遵循保留古都风貌、民族传统和地方特色的原则，强调千年古都应该寻找自己的独特性，并加以突出。

就长安街规划而言，长安街由一条政治性街道转为城市的交通主干道，最终变为集政治经济文化于一体。在中国工艺美术馆门前，一座高2.5米的青铜雕塑"马踏飞燕"，展示着我国东汉铸造者的匠心独运；在国际金融大厦前，用草书呈现的"龙"字雕塑，既优美古典，又颇具现代感。这类新建的城市雕塑，都是长安街不断自我突破的勇敢尝试。

进入21世纪以来，新的国家级建筑以迥异于以往的面目出现。在新中国成立之初就列入建设规划的国家大剧院，终于在2007年12月22日在人民大会堂西侧落成。

大剧院坐落在人民大会堂旁边，与人民大会堂的那种严格对称的苏式建筑形成鲜明的对比，给人一种强烈的视觉冲击。

也许大剧院所代表的新时代的包容与创造力才是当下长安街的主旋律。与大剧院遥相呼应的还有中国尊等一系列前卫时尚、富有现代气息的建筑，它们体现了国人对商业、环境以及历史看法的改变，把中国人对技术和发展的信念同融入世界的追求结合起来，给城市带来了活力和创造力。

如今放眼政治经济文化多中心之城的北京，以核心地段著称而近年来又具有商业爆发力的位置非长安街莫属。这条见证着北京乃至中国的繁荣与梦想的城市命脉，近年来形成了北京大多数重大经济商圈。从国际闻名的王府井商圈到与国际接轨的金融街商圈、CBD商圈等，无不展示了长安街的重要城市价值。

长安街正在以日新月异的速度发展前进。目前，长安街形成东到通州、西到门头沟的百里长街格局，磁浮S1线已于2017年年底开启运营，长安街西延工程预计2019年年底全线完工，这些都将强势推动长安街再一次发展升级。

有人说长安街就是一部五百年中国史，的确如此，长安街边的建筑记录着政治的变革，时代的发展，观念的转变，文明的进步。

　　在新中国成立70周年前夕，我们从长安街回溯历史，展望未来，长治久安依旧是我们最强的心声，祝愿长安街欣欣向荣，祝愿中国繁荣昌盛！